**Introdução à historiografia:
da abordagem tradicional às
perspectivas pós-modernas**

*2ª edição*

# Introdução à historiografia: da abordagem tradicional às perspectivas pós-modernas

Ernesto Sobocinski Marczal

Rua Clara Vendramin, 58 . Mossunguê . CEP 81200-170 . Curitiba . PR . Brasil
Fone: (41) 2106-4170 . www.intersaberes.com . editora@intersaberes.com

*Conselho editorial*
Dr. Alexandre Coutinho Pagliarini
Dr.ª Elena Godoy
Dr. Neri dos Santos
M.ª Maria Lúcia Prado Sabatella
*Editora-chefe*
Lindsay Azambuja
*Gerente editorial*
Ariadne Nunes Wenger
*Assistente editorial*
Daniela Viroli Pereira Pinto

*Edição de texto*
Monique Francis Fagundes Gonçalves
*Capa*
Sílvio Gabriel Spannenberg (*design*)
Vinicio TullioShutterstock (imagem)
*Projeto gráfico*
Bruno de Oliveira
*Diagramação*
André Feijó
*Iconografia*
Regina Claudia Cruz Prestes

Dados Internacionais de Catalogação na Publicação (CIP)
(Câmara Brasileira do Livro, SP, Brasil)

Marczal, Ernesto Sobocinski
  Introdução à historiografia : da abordagem tradicional às perspectivas pós-modernas / Ernesto Sobocinski Marczal. -- 2. ed. -- Curitiba, PR : Editora InterSaberes, 2023.

  Bibliografia.
  ISBN 978-85-227-0686-0

  1. História – Estudo e ensino 2. História contemporânea 3. Historiografia I. Título.

23-155626                                                          CDD-907

Índices para catálogo sistemático:
1. História e historiografia: Estudo e ensino   907
Eliane de Freitas Leite – Bibliotecária – CRB 8/8415

1ª edição, 2016.
2ª edição, 2023.
Foi feito o depósito legal.
Informamos que é de inteira responsabilidade do autor a emissão de conceitos. Nenhuma parte desta publicação poderá ser reproduzida por qualquer meio ou forma sem a prévia autorização da Editora InterSaberes.
A violação dos direitos autorais é crime estabelecido na Lei n. 9.610/1998 e punido pelo art. 184 do Código Penal.

# Sumário

7 *Apresentação*

19 *Organização didático-pedagógica*

Capítulo 1

25 **Da historiografia tradicional aos Annales**

(1.1)
27 História e historiografia: uma abordagem preliminar

(1.2)
32 Saber histórico no século XIX: historicismo, cientificismo e positivismo

(1.3)
47 Século XX: a Escola dos Annales

Capítulo 2
93 **História e marxismo: uma abordagem preliminar**

(2.1)
95 As ideias de Marx e Engels e a história

(2.2)

113 Historiografia e marxismo

(2.3)

126 Edward P. Thompson: marxismo e nova esquerda

(2.4)

141 Ladurie, Ginzburg e micro-história

Capítulo 3

165 **História e pós-modernidade: debates sobre
a construção do saber histórico**

(3.1)

167 Movimentos sociais e crise de paradigmas

(3.2)

186 Novas perspectivas: o pensamento pós-moderno
e a virada linguística

(3.3)

208 Além dos paradigmas: algumas perspectivas
de investigação histórica

225 *Considerações finais*
231 *Referências*
239 *Bibliografia comentada*
245 *Respostas*
253 *Sobre o autor*

# Apresentação

O que é história? A princípio, essa questão pode soar tão simples e solúvel quanto enigmática. Àqueles que esperam uma resolução fácil para esse questionamento, uma resposta previamente estabelecida, já adiantamos que não a encontrarão no decorrer deste livro. Não que ela não nos apeteça, mas porque seu entendimento está ligado ao próprio desenvolvimento da História 🔍 – com H maiúsculo – na condição de área de construção do conhecimento, cuja compreensão não nos foi dada de antemão, mas construída e reformulada continuamente em diferentes momentos, espaços e circunstâncias.

> A palavra *história* pode apresentar diferentes significados. Por vezes, designa o próprio transcorrer dos eventos ao longo do tempo, enquanto, em outros contextos, se refere à forma específica do saber responsável por tratar e analisar esses eventos. Apesar dos variados significados que o termo pode assinalar, optamos por padronizar seu uso nesta obra com a grafia minúscula.

Como nos adverte o historiador inglês Peter Burke (2011) – em uma coletânea cujo objetivo central é justamente discutir as perspectivas da disciplina histórica diante das inúmeras transformações que a confrontaram ao longo do século XX – durante muito tempo, desde as épocas clássicas, a história foi comumente entendida como o registro dos grandes homens e de seus feitos. Mesmo com o desenvolvimento de múltiplas perspectivas sobre o papel e o fazer históricos, inclusive antes de a história ser entendida também como um campo de conhecimento estruturado, tal compreensão se manteve como um mantra comum quase inalterável durante séculos.

A difusão dessa abordagem é habitual até os dias de hoje, sobretudo em razão de o público ser relativamente leigo – não por desconhecer ou não ler obras de cunho histórico, mas por não se interessar pela história como uma disciplina **sistematizada cientificamente🅠**, como um espaço de discussão do conhecimento mais amplo e complexo. Tal tratamento descompromissado se vê reproduzido em uma série de materiais: livros, filmes, documentários, reportagens, séries televisivas etc., os quais fomentam o interesse pela história enquanto lugar do curioso, do inusitado e do desconhecido da vida dos grandes personagens, eventos e instituições de poder. Sob essa perspectiva, o objetivo principal dessa abordagem simplificada não é provocar a reflexão, mas elencar cronologicamente uma série de acontecimentos sucessivos cuja reação de causa e efeito moveria, linearmente, a trajetória dos homens ao longo do tempo.

---

⊕
O entendimento da história como ciência é um tema que movimentou – e ainda movimenta – diversos estudos. É uma questão de particular interesse aos historiadores, pois permeia as configurações do saber histórico como disciplina acadêmica e a organização de seus métodos característicos de trabalho – ou seja, o ofício específico do historiador. Assim, a relação entre história e ciência e as diferentes percepções elaboradas ao redor dessa relação são temas transversais desta obra.

De certa maneira, é essa a história do "quem foi fulano?", "o que ele fez?", "por que deve ser lembrado?" ou "por que foi homenageado com o nome disso ou daquilo?" – uma **visão** que foi dominante durante um longo período nas salas de aula🔘 e, em algumas circunstâncias, ainda é sustentada como aquilo que seria o conhecimento histórico real e efetivo.

> 🔘 Como exemplo, podemos citar o tratamento dado à disciplina durante o período da ditadura civil-militar no Brasil. Sob uma perspectiva de ensino tecnicista, História e outras matérias da área de humanas foram condensadas nos chamados Estudos Sociais nos primeiros anos do processo educativo. Além disso, duas novas disciplinas foram criadas para os níveis de primeiro e segundo grau (antigos ensino fundamental e médio): Educação Moral e Cívica e Organização Social e Política do Brasil (OSPB), respectivamente. Embora tivessem diferenças consideráveis, ambas divulgavam uma perspectiva de história tradicional e nacionalista, na qual eram enaltecidos os grandes personagens, heróis e fatos – majoritariamente ligados ao Estado e a outras instituições admitidas por ele – reconhecidos como significativos à narração histórica oficial e dignos de celebração cívica.

Sem dúvida, tal compreensão ainda desempenha um papel significativo, mesmo quando submetida a perspectivas de análise crítica, preocupadas em considerar o passado em questão e pensar a partir dele. É importante frisar que nem os indivíduos abordados nessa perspectiva nem os bastidores da vida privada de atores de grande conhecimento público deixaram de interessar aos historiadores. Contudo, é preciso salientar as prerrogativas limítrofes e excludentes dessa

*Ernesto Sobocinski Marczal*

concepção e os elementos que motivaram a discórdia entre os estudiosos e os olhares tradicionais direcionados sobre a **historiografia**🅠.

Tal visão carece de uma crítica contumaz por uma série de razões, entre elas por reduzir a história como um círculo de reconhecimento estrito, destinado a uma gama seleta de eleitos: reis, déspotas, diplomatas, militares, líderes religiosos, políticos, poucos artistas renomados, aventureiros desbravadores, vitoriosos gloriosos, vencidos demonizados etc.

> Em uma transcrição simples, o termo *histografia* significa "escrita da história". Ele engloba os diversos processos que permeiam e caracterizam a elaboração de estudos e trabalhos históricos, além de ser um dos fundamentos da construção da história como uma forma de saber organizado. Assim como a própria disciplina, a historiografia também é múltipla, dinâmica e variável e sofreu diversas transformações ao longo dos anos. Por isso mesmo, é motivo de debate frequente entre os historiadores que apresentam compressões distintas sobre a composição e a produção do conhecimento histórico, seus conceitos-chave e suas bases teóricas e metodológicas. A importância do tema levou vários autores (alguns deles retomados no decorrer desta obra) a se especializarem no estudo da historiografia e convertê-la em objeto central de pesquisa.

A lista de elementos discordantes é extensa, mas resguarda, em sua maioria, uma variedade de quesitos comuns e sobressalentes. Entre eles o de se tratar de uma história composta eminentemente por **homens** – brancos, adultos, heterossexuais –, assumindo-os como os principais representantes e motores fundamentais da evolução das sociedades humanas. Entretanto, mesmo nessa seleção restritamente masculina, não se reconhecia o papel dos homens comuns, apenas daqueles que, de alguma forma, desfrutavam de notoriedade pública e ocupavam posições privilegiadas nos espaços de poder reconhecidos nas diferentes sociedades. Essa identificação entre os sujeitos históricos e o poder fez, durante muito tempo, uma perspectiva política convencional se tornar o carro-chefe da disciplina histórica e até convertesse, por vezes, sua narração factual e cronológica na própria história – ao menos aquela reconhecida pelas sociedades e pelos estudiosos hegemônicos em cada momento como a realmente significativa e pertinente.

A sedimentação dessa perspectiva de história, bem como sua relativa manutenção, sua reformulação e seu intenso questionamento, remonta à necessária interlocução do conhecimento histórico com os lugares e a temporalidade nos quais se desenvolveu. Depende, também, das trajetórias, das indagações e dos problemas propostos por aqueles que se dispuseram a escrevê-la em cada período.

Em *A escrita da história*, Michel de Certeau (1982, p. 24) afirma compreender a história simultaneamente como uma prática, sua resultante ou mesmo a junção de ambas sob a "forma de uma **produção**". A "prática" remete à percepção da história como disciplina, organizada e sistematizada de acordo com determinados pressupostos que lhe garantem certa cientificidade. Já o resultado dessa prática refere-se ao discurso elaborado e propagado como a própria história, nos termos de uma narração e de uma interpretação que dão sentido às questões investigadas no passado. A percepção da história como uma produção nos leva à articulação dessas duas facetas, que fazem dela um processo mais amplo e complexo: o ofício que possibilita sua construção e a própria narrativa resultante que reivindica para si o título de história. Como nos lembra o próprio Certeau, "o termo **história** conota, sucessivamente, a ciência e seu objeto – a explicação que se diz e a realidade daquilo que se passou ou se passa" (1982, p. 31, grifo nosso).

*Ernesto Sobocinski Marczal*

Tanto um aspecto quanto outro são permeados por uma vasta gama de fatores ligados aos lugares e às temporalidades – em sua maioria bastante definidos – de onde surgem. Nesses termos, só podemos compreender a história como disciplina ao analisarmos tanto o **contexto** quanto os **pressupostos** que balizaram sua produção. Se a história produz história, como essa breve incursão nos faz supor, não podemos deixar de salientar que a disciplina, do modo como se configurou e reconfigurou ao longo dos últimos 150 anos, nos ofereceu um extenso campo de dúvidas e possibilidades, tanto em relação ao seu formato dominante anterior quanto às diferentes correntes e perspectivas que se desenvolveram e confrontaram, validamente, durante esse período. As reflexões e transformações do fazer historiográfico levados a cabo no último século não são frutos do acaso. Se, até o século XIX, a dimensão de uma narração factual, focada no desenrolar de eventos políticos centrados nos Estados-nação e em outras instituições de poder reconhecido e consolidado, foi dominante, o século XX viria a abalar até mesmo as bases mais sólidas de tais perspectivas. E, acrescentemos, não apenas uma vez.

Os debates em torno do saber historiográfico perpassaram por diferentes aspectos, desde seu entendimento como espaço de estudo do humano até as bases teóricas e metodológicas fundamentais aos processos de pesquisa e à escrita da história. Nesses termos, o lugar de onde se fala, o contexto e as tensões singulares às quais os sujeitos são submetidos agem ativamente sobre as concepções de história que estes seguem e sobre seu próprio fazer historiográfico. Em um olhar rápido e macroscópico, podemos elencar uma ampla gama de momentos que impactaram a trajetória dos pensadores interessados na produção histórica, bem como no seu entendimento da disciplina e de seu papel social. É o caso, por exemplo, da Grande Guerra que dilacerou as nações imperialistas europeias entre 1914 e 1918, mas cujos desdobramentos se prolongaram pelas décadas seguintes. Ou das experiências autoritárias, tanto de direita quanto de esquerda, que serviram de prelúdio para um segundo conflito mundial, ainda mais abrangente e quantitativamente devastador que o primeiro, e que depois se espalharam por diversos países do globo, com diferentes características e intensidades, durante os longos anos da pesada polarização ideológica da Guerra Fria. Para não nos limitarmos a situações de conflitos bélicos e políticos entre países, podemos citar a eclosão e a proliferação de diversos movimentos sociais e de luta pelos direitos humanos, especialmente no período pós-guerra, assim como a própria revolução tecnológica e informacional, que alterou a velocidade com que nos comunicamos, assim como a forma como entendemos e visualizamos o mundo.

Além da força das variadas conjunturas, o impacto do desenvolvimento de outras disciplinas foi determinante no processo de remodelação da historiografia ao longo do século XX. Muitos dos autores que impulsionaram a reflexão sobre o ofício histórico ao longo dos últimos 150 anos não eram necessariamente historiadores – ou, ao menos, não podem ser restringidos a essa nomenclatura. É o caso, por exemplo, de Karl Marx, Friedrich Nietzsche, Sigmund Freud, Walter Benjamin, Norbert Elias, Michel Foucault, Hanna Arendt. Vertentes disciplinares nascentes, como a sociologia, tanto na proposta delineada por Émile Durkheim quanto nos postulados defendidos por Max Weber, ou, ainda, a antropologia de Lévi-Strauss e Clifford Geertz, foram igualmente importantes na troca – crítica e nem sempre harmoniosa – de reflexões com a historiografia. Mais recentemente, acompanhamos a forma como outras áreas, entre elas a psicologia e a psicanálise, também ganharam lugar nas prateleiras de leitura dos historiadores, passando a ampliar e enriquecer o arcabouço teórico desses estudiosos.

*Ernesto Sobocinski Marczal*

Desse modo, o entendimento da história é fruto tanto do trabalho dos pesquisadores que se debruçam sobre ela (que ainda estão longe de apresentar uma leitura uníssona e consensual) quanto das visões conflitantes dos sujeitos e das sociedades nas quais essa área do conhecimento se insere e com quem dialoga de forma inevitável. A formação do conhecimento histórico passa obrigatoriamente pelos debates fomentados por diferentes correntes historiográficas, nas maneiras particulares como entendem a disciplina histórica, o ofício do historiador, seu lócus de pesquisa e a dimensão temporal de sua reflexão. Além disso, perpassa pela definição dos mecanismos teóricos e metodológicos necessários ao desenvolvimento da pesquisa, como a seleção de um objeto de estudo pertinente e viável, a definição de uma problemática, a elaboração de um recorte espacial e temporal, o tratamento a ser dispensado aos resquícios que permitem a reconstituição crítica e interpretativa do passado.

A compreensão sobre o conhecimento histórico se dá, portanto, de forma **processual**. Envolve tanto a desconstrução de pressupostos sedimentados anteriormente, em sua maioria arraigados sob uma percepção limitada pelo senso comum, quanto o estudo paulatino das configurações da historiografia e de diferentes correntes, pressupostos, tensões, continuidades e rupturas das variadas vertentes que a compõem. Configura, enfim, uma análise da história da historiografia, assim como um debate crítico de seus principais fundamentos. Em ambos os casos, são exercícios imperativos à formação dos profissionais da história, pesquisadores e professores, que precisam compreender as diferentes propostas teóricas e metodológicas que integram a sua área de atuação.

É no decorrer dessa trajetória de estudos e investigações que seremos capazes de vislumbrar uma resposta coerente à indagação que inaugura esta obra ("O que é história?"), dialogando com as propostas com as quais nos identificamos mais. Nesses termos, não buscamos uma concepção de história que seja estática, mas **dinâmica** e **fluida** de acordo com as transformações que permeiam a historicidade da própria disciplina, aberta a novas possibilidades de investigação e temas de estudo. Afinal, como destaca Bloch (2001, p. 151), "a história, não nos esqueçamos, ainda é uma ciência em obras".

Embora não tenha condições de proporcionar uma definição absoluta – longe disso –, este estudo objetiva servir como uma introdução à parte significativa das perspectivas e discussões que contribuíram com a configuração da historiografia e instigaram desafios e questionamentos recentes.

Para isso, voltamos nosso olhar para algumas das correntes e reflexões historiográficas que cercaram a disciplina ao longo do último século. Nesse processo, atentamos para algumas vertentes de estudo que colocaram em xeque visões historiográficas rígidas e estabelecidas, revisaram as concepções sedimentadas de história e ofereceram novos horizontes de investigação e análise.

Cientes da incapacidade de abordar por completo uma gama tão ampla de visões, leituras e interpretações, optamos por pincelar elementos centrais de certos movimentos que obtiveram destaque na organização do pensamento historiográfico no último século. Com esse intuito, organizamos esta obra em três capítulos, cada um deles focado em um elemento catalisador do desenvolvimento da matéria histórica no último século.

O primeiro, intitulado *Da historiografia tradicional aos Annales*, aborda desde a conformação da disciplina durante o século XIX, intervalo em que a história adquire os contornos de um conhecimento cuidado por profissionais específicos e sedimenta sua organização universitária, até as novas possibilidades apresentadas na primeira metade do século seguinte. Nesse processo, atentamos de

*Ernesto Sobocinski Marczal*

maneira particular para a aproximação da história com as **ciências naturais** e para sua definição como uma matéria de **saber científico**, além de sua configuração sob o modelo **positivista**.

Quanto às transformações e aos questionamentos levantados sobre o conhecimento histórico, tomamos como fio condutor do capítulo um dos movimentos mais conhecidos e influentes na historiografia do século XX: a **Escola dos Annales**. A iniciativa francesa não só remodelou a forma de fazer e pesquisar a história no país, mas também se tornou referência para as gerações seguintes de pesquisadores locais e estrangeiros – inclusive no Brasil, onde as variadas reflexões lançadas pelo grupo foram muito influentes na configuração teórica e metodológica do ensino e da pesquisa de história na academia.

No segundo capítulo, *História e marxismo: uma abordagem preliminar*, o foco se dirige para o impacto que as linhas de pensamento inspiradas pela produção de **Marx** e **Engels** exerceram sobre a historiografia ao longo do século XX. Observamos parte das contribuições e reflexões deixadas por alguns dos conceitos fundamentais delineados pelos autores alemães, assim como os desdobramentos de alguns de seus posicionamentos políticos e ideológicos. Nesse sentido, também abordaremos algumas das principais correntes historiográficas de inspiração marxista, em particular os movimentos que propuseram novas abordagens sobre as ideias de inspiração marxista no interior da disciplina histórica, com destaque para a nova esquerda britânica e, sob uma ótica bastante distinta e com forte ênfase cultural, para o movimento da micro-história italiana.

Já no terceiro e último capítulo, *História e pós-modernidade: debates sobre a construção do saber histórico*, procuramos apresentar os debates que dominaram a disciplina nas últimas décadas do século XX e que ainda se mantêm na atual produção historiográfica. Com base na

**crise de paradigmas** que prevaleceu nas ciências sociais e humanas a partir dos anos 1960, bem como na eclosão de diversos **movimentos sociais e políticos** com os quais os estudiosos não sabiam como lidar, atentamos para a organização de formas de pensamento que se afirmam como pós-modernas.

Por fim, analisamos a **pós-modernidade** como um movimento plural e ainda em andamento – e, por isso, de difícil definição –, buscando delimitar algumas de suas principais objeções aos modelos de conhecimento anteriormente estabelecidos. Paralelamente, também abordamos alguns dos novos ângulos de análise e possibilidades de investigação que ela propõe, como sua aproximação com a linguística e as maneiras como essa proposta afeta também a construção do saber histórico. Além disso, visualizamos brevemente algumas das vertentes de estudo que se desenvolveram ou se reestruturaram a partir dessas reflexões, como a **história cultural** e a renovada **abordagem política**.

*Ernesto Sobocinski Marczal*

# Organização didático-pedagógica

Esta seção tem a finalidade de apresentar os recursos de aprendizagem utilizados no decorrer da obra, de modo a evidenciar os aspectos didático-pedagógicos que nortearam o planejamento do material e como o aluno/leitor pode tirar o melhor proveito dos conteúdos para seu aprendizado.

*Introdução do capítulo*

Logo na abertura do capítulo, você é informado a respeito dos conteúdos que nele serão abordados, bem como dos objetivos que o autor pretende alcançar.

## Atenção!

Nestes boxes, você confere informações complementares a respeito do assunto que está sendo tratado.

## Contextualizando!

Nesta seção, você é informado sobre os fatos importantes que ocorreram no período histórico estudado.

## Saiba mais!

Nesta seção, o autor oferece algumas indicações de livros ou *sites* que podem ajudá-lo a refletir sobre os conteúdos estudados e permitir o aprofundamento em seu processo de aprendizagem.

## Síntese

Você conta, nesta seção, com um recurso que o instigará a fazer uma reflexão sobre os conteúdos estudados, de modo a contribuir para que as conclusões a que você chegou sejam reafirmadas ou redefinidas.

## Atividades de autoavaliação

Com estas questões objetivas, você tem a oportunidade de verificar o grau de assimilação dos conceitos examinados, motivando-se a progredir em seus estudos e a se preparar para outras atividades avaliativas.

## Atividades de aprendizagem

Aqui você dispõe de questões cujo objetivo é levá-lo a analisar criticamente determinado assunto e aproximar conhecimentos teóricos e práticos.

## Bibliografia comentada

Nesta seção, você encontra comentários acerca de algumas obras de referência para o estudo dos temas examinados.

FUNARI, P. P. A.; SILVA, G. J. da. **Teoria da história**. São Paulo: Brasiliense, 2008.

Trata-se de uma obra introdutória de fácil leitura e compreensão. Faz parte da coleção *Tudo é história*, que tem por objetivo apresentar uma série de questões relacionadas ao estudo da história àqueles que estão ingressando nessa área. De uma maneira sintética e didática, os autores se dispõem a apresentar diversos movimentos, ideias e correntes de pensamento que permearam a organização teórico-metodológica da história. Ao longo dos capítulos, são abordados diversos temas e escolas, como a historiografia clássica greco-romana, a historiografia metódica e positivista, a produção marxista, os Annales e até mesmo as vertentes que dialogam com o pensamento pós-moderno.

BURKE, P. **A Escola dos Annales (1929-1989): a revolução francesa da historiografia**. 2. ed. São Paulo: Ed. da Unesp, 2010.

Como explicita o título, a célebre Escola dos Annales compõe o tema central do livro. Ao longo do trabalho, o autor se

Capítulo 1
Da historiografia
tradicional aos Annales

Neste capítulo, abordaremos a configuração da história como uma disciplina organizada, devidamente sedimentada em um **estudo acadêmico e profissional**. Em um primeiro momento, atentaremos para a aproximação da história dos **pressupostos de verdade e de comprovação do conhecimento** próprios das ciências naturais, que marcaram o desenvolvimento e a consolidação do saber histórico durante o século XIX e o início do século XX. Depois disso, voltaremos nosso olhar para um dos principais movimentos historiográficos do último século, a chamada **Escola dos Annales**, um dos responsáveis pela expansão e redefinição das possibilidades e metodologias de estudo no interior da disciplina. Assim, observaremos como os estudiosos de Annales delinearam, em diferentes momentos, propostas de investigação mais amplas, críticas e plurais por meio do questionamento de muitos dos pressupostos rígidos e tradicionais da ciência histórica.

(1.1)
## HISTÓRIA E HISTORIOGRAFIA: UMA ABORDAGEM PRELIMINAR

A proliferação de diversas formas de **relatar o passado** não é novidade no longínquo caminhar das sociedades humanas. Desde os primeiros agrupamentos de pessoas, o homem desenvolveu maneiras diversas de registrar e transmitir sua trajetória ou, ao menos, os eventos considerados fundamentais a sua constituição. Os mecanismos de comunicação do passado – ou das formas atribuídas a esse passado – foram majoritariamente marcados pela oralidade e pela constituição de memórias, tradições e construções narrativas específicas. Mais do que isso: não havia um compromisso efetivo com a apuração e a verificação do passado assinalado, retrabalhado e transmitido adiante.

*Ernesto Sobocinski Marczal*

Contavam-se e transmitiam-se histórias, entendidas de forma muito distinta daquilo que compreendemos como a disciplina histórica hoje, ou, pelo menos, nos últimos 150 anos.

## Saiba mais!

As obras do historiador brasileiro José Carlos Reis apresentam, de forma bastante interessante e acessível, as discussões que permeiam o desenvolvimento da história como disciplina. Além de observar as diferentes concepções de tempo que percorrem o ofício do historiador, o autor debate diferentes correntes historiográficas, bem como as questões teóricas e metodológicas que embasam suas abordagens e a atividade empírica da pesquisa e da produção do saber histórico. Duas obras, em particular, que reúnem diferentes textos do autor, trazem importantes reflexões sobre esses temas:

REIS, J. C. **História e teoria**: historicismo, modernidade, temporalidade e verdade. 3. ed. Rio de Janeiro: Ed. FGV, 2006.

REIS, J. C. **Teoria e história**: tempo histórico, história do pensamento histórico ocidental e pensamento brasileiro. Rio de Janeiro, Ed. FGV, 2012.

Em uma interessante obra introdutória à historiografia, *A história repensada,* o historiador inglês Keith Jenkins (2007) propõe aos seus interlocutores o exercício imperativo de repensar a história, sobretudo diante das variadas transformações que a disciplina sofreu nas décadas finais do século XX. Mais do que um simples estudo, o livro serve como uma **provocação** aos historiadores, especialmente àqueles que acabaram de ingressar nos estudos da matéria histórica. De saída, o autor coloca em questão o significado do termo *história* distinguindo duas acepções que lhe são cruciais: o desígnio de história como o próprio **passado** – ou a sucessão de acontecimentos que lhe dão forma – e a compreensão desse campo de estudo como um **discurso**, uma forma de conhecer e interpretar o mundo que tem no passado seu objeto de interesse. Para melhor ilustrar tais colocações, retomamos as palavras do próprio autor:

> *A história constitui um dentre uma série de discursos a respeito do mundo. Embora esses discursos não criem o mundo (aquela coisa física na qual aparentemente vivemos), eles se apropriam do mundo e lhe dão todos os significados que tem. O pedacinho de mundo que é objeto (pretendido) de investigação da história é o passado. A história como discurso está, portanto, numa categoria diferente daquela sobre a qual discursa. Ou seja,* ***passado e história são coisas diferentes****. (Jenkins, 2007, p. 23-24, grifo nosso)*

Na sequência dessas afirmações, Jenkins (2007) enfatiza que o passado e a história – como discurso – não têm uma ligação tão estreita ao ponto de só podermos extrair-lhe uma única leitura histórica. Pelo contrário: ambos **existiriam livremente** um do outro, distantes tanto no tempo quanto no espaço. Tal distanciamento permite que um mesmo objeto seja alvo de interpretações oriundas de variadas práticas discursivas, tais como a sociologia, a psicologia, a geografia, a antropologia e as artes, ou mesmo de uma multiplicação de leituras dentro de um arcabouço discursivo comum, como é o caso da própria história. Tais compreensões distintas podem ser tanto contíguas quanto dispersas em sua localização física e cronológica.

Em outras palavras, em momentos distintos, os historiadores podem ler um mesmo evento de maneira diferente, de modo a

*Ernesto Sobocinski Marczal*

produzir **outras versões** sobre um mesmo tema ou enfocá-lo sob prismas inéditos e pouco explorados. De maneira análoga, podemos visualizar a manifestação das discordâncias entre os historiadores que se debruçam sobre um mesmo objeto e, não raramente, mesmo ao analisar fontes semelhantes, chegam a conclusões distintas.

A fim de tornar esse dilema mais claro, retomamos uma querela já muito conhecida a respeito da história do Brasil. Durante muito tempo, a versão dominante da chegada da esquadra liderada por Cabral nas terras portuguesas além do Atlântico versava sobre o caráter do acaso da viagem do navegador. O motivo da chegada lusitana ao Brasil naquele momento não seria mais do que um desvio acidental no curso dos navios, originalmente focados em contornar a África e desembarcar nas famigeradas Índias. Hoje, essa leitura é contestada e um grande número de especialistas defende a intencionalidade da coroa portuguesa, no ato da descoberta, de garantir a posse das terras sobre as quais já teria direitos previamente assegurados. Nos dois casos ainda não foram encontradas provas que resolvam categoricamente a questão, que definam uma das leituras como verdadeira e refutem absolutamente a outra. Em suma, as duas versões, apesar de concorrentes, ainda se mantêm com seus defensores ancorados em perspectivas teóricas e metodológicas e análises que buscam balizar seus posicionamentos.

A partir dessas breves colocações, nos defrontamos com um aspecto fundamental ao estudo da história. Ao percebê-la como um discurso singular, composto por normas, regras e um fazer próprio, percebemos que a história à qual nos referimos é aquela que dá conta do que foi registrado e narrado sobre o passado, ou seja, uma **escrita possível do passado**. Mas não se trata de um texto qualquer, de um romance elaborado a partir da imaginação livre de seus autores, como algumas defesas mais radicais e descontextualizadas podem pressupor. Trata-se, na verdade, de um exercício imaginativo construído a partir de fundamentos teóricos e metodológicos que lhe dão forma, garantem sua conexão com o objeto visitado, autorizam as análises de seus autores e possibilitam a crítica empírica de suas teses ou até a reformulação de suposições prévias, além de amparar suas conclusões. A história constitui-se, também, de um lugar de disputa e afirmação de poder, incluindo construções e afinidades ideológicas com as quais seus autores se identificam, conscientemente ou não. Afinal, como nos sugere Jenkins (2007), **toda a história é escrita por alguém e para alguém.**

O conjunto de ideias, concepções, reflexões e produções que dão formato ao discurso histórico pode ser compreendido sob o nome de *historiografia*. Como destaca Certeau (1982, p. 11), a própria palavra traz implicitamente a conexão de dois termos paradoxais, o **real** e o **discurso**, bem como a complicada tarefa de articulá-los. Para compreendermos a história na qualidade de disciplina e, sobretudo, como um discurso, é necessário que nos voltemos à sua faceta historiográfica, ou seja, àquilo que os historiadores produzem como resultado de seu ofício.

Não se trata de um exercício natural, previamente estabelecido e determinado nem de uma história latente, inerte no passado, esperando para ser descoberta. Sob o viés da historiografia, a história depende da **ação do historiador** sobre os vestígios do passado, a partir dos quais ele elabora sua interpretação e organiza sua narrativa. Em síntese: ela foi e continuará sendo, produzida.

Essa percepção, contudo, ainda é muito recente e está longe de qualquer tipo de consenso. Pelo contrário: é algo que se mantém no cerne do debate. Para compreendermos tanto esse debate quanto o desenvolvimento da própria historiografia contemporânea, se faz necessário um exercício de reflexão retrospectiva, para que possamos

*Ernesto Sobocinski Marczal*

analisar como a própria disciplina vem se desenvolvendo, organizando e (re)configurando ao longo do tempo. Ou seja, é preciso "historicizá-la" e colocá-la em perspectiva.

Ao abordarmos as transformações ao redor da história, partindo em particular de sua configuração como disciplina, se faz necessária uma rápida incursão por alguns meandros de sua organização acadêmica ao longo do século XIX – intervalo no qual deixa de lado seu caráter de cronista dos personagens e eventos notórios, com a extração de um nítido juízo moral, para assumir o pressuposto de um saber sistematizado cientificamente.

(1.2)
## SABER HISTÓRICO NO SÉCULO XIX: HISTORICISMO, CIENTIFICISMO E POSITIVISMO

Ainda hoje, muitas das bases daquilo que comumente se compreende por história remontam aos alicerces da disciplina durante o século XIX. Nesse intervalo, uma das principais preocupações dos historiadores, especialmente aqueles sediados no Velho Continente, foi de considerar a história como um **saber científico**, isto é, assentado sobre procedimentos metodológicos rígidos capazes de garantir um processo de investigação seguro e comprovável. Em linhas gerais, os historiadores poderiam investir firmemente sobre o passado, extrair dele um **conhecimento verdadeiro** e, com isso, elaborar uma **narração fidedigna** dos fatos. Tudo isso com base em **vestígios autênticos** do passado, os quais comprovariam os eventos narrados pelos pesquisadores.

Apesar de não estar consolidada no início do século XIX, essa modalidade da história se instituiu como dominante ao longo dele. Embora os caminhos pelos quais a história se constituiu como disciplina não tenham sido idênticos nos diferentes espaços, alguns elementos comuns permitiram certa interlocução na organização do saber histórico no ocidente. Países como a Alemanha – marcada pelo processo de unificação política e territorial que lhe atribuiu os contornos de Estado-nação sustentados nas primeiras décadas do século seguinte –, a Grã-Bretanha vitoriana, a França pós-revolução e pós-napoleônica e os nascentes Estados Unidos vivenciaram um processo quase simultâneo de consolidação da história como atividade acadêmica e profissional. Ainda que resguardados de diversas particularidades, cada um desses espaços verificou um processo mais ou menos simultâneo de consolidação da história como um saber sério, institucionalizado e pertinente.

Não por acaso, trocas e espelhamentos foram comuns, inclusive na gradativa aproximação com as ciências naturais e com o adjetivo científico que lhes acompanhava. Naquele período, em que a **razão** e a **lógica** emergiam como paradigmas predominantes do conhecimento, assumir o selo de ciência era algo essencial para garantir a credibilidade social e acadêmica requerida por uma disciplina nascente.

A organização da história como um campo de atuação profissional era importante, pois permitia aos seus especialistas – no caso, os historiadores – se distanciar de outras formas de fazer história (como reportar-se ao passado) e solidificar seu ofício como o caminho correto e pertinente. Um dos exemplos de distanciamento ocorreu com relação aos **antiquários**, figuras comuns do humanismo dos séculos anteriores, cuja paixão pela história envolvia a coleta e o estudo de vestígios do passado, bem como o estudo sistemático de sua memória e tradição. Como destaca Arnaldo Momigliano (2004), a preocupação essencial dos antiquários não era estudar o passado e fornecer-lhe uma nova interpretação à luz de uma metodologia academicamente comprometida, mas resgatar-lhe a essência com base

*Ernesto Sobocinski Marczal*

em seus vestígios materiais diversos e conforme seus relatos clássicos, como as obras de **Heródoto e Tucídides⊞**, na Grécia Antiga, ou de **Tácito e Tito Lívio⊞**, em Roma.

## ⊞ Contextualizando!

Heródoto e Tucídides são recorrentemente destacados como os primeiros a elaborar relatos historiográficos. Heródoto narrou o confronto entre gregos e persas no século V a.C., e Tucídides, a Guerra do Peloponeso, ambos capitaneados pelas principais cidades-Estados gregas, Atenas e Esparta, ao final do mesmo século. Já Tácito e Tito Lívio ficaram conhecidos por abordarem a Roma Antiga em diferentes obras, desde sua constituição inicial até os primeiros anos de sua expansão como Império.

Entre os principais expoentes desse modelo de história profissional e científica associada ao século XIX, podemos destacar o **historicismo alemão**, capitaneado por **Leopold von Ranke**. O historiador nasceu em 1795, na pequena cidade de Wiehe, na região da Turíngia – anos mais tarde incorporada pela Prússia –, e faleceu em 1886 em Berlim, onde se estabeleceu profissionalmente e lecionou por quase toda sua carreira. Sua filiação local e familiar associava-se à tradição protestante luterana. A posição social de sua família pode ser classificada como *burguesia intelectual* (Martins; Caldas, 2013), uma espécie de classe média cujos mecanismos de ascensão social e cultural, bem como sua manutenção, ainda no século XVIII, não ocorreram pelos espólios do berço, mas pela educação e pelo trabalho. Primogênito da família, Ranke assumiu à risca essa ética. Incorporou-a no seu trabalho acadêmico e se engajou na profissionalização da história na

Alemanha, sobretudo na sua divulgação como saber de importância singular na construção da nação e no resgate histórico de suas raízes. De acordo com alguns estudos biográficos sobre o pesquisador, Ranke, ainda em sua juventude, teria manifestado em correspondência ao irmão o desejo de fazer algo relevante em sua vida e de obter reconhecimento (Martins; Caldas, 2013). Conscientemente ou não, o pensador alcançou esses objetivos. Suas pegadas na Alemanha oitocentista tanto marcaram a produção historiográfica em si quanto servem de referência à análise histórica do período. Martins e Caldas (2013) salientam que nenhuma das transformações que permearam a Europa ao longo do século XIX lhe escapou. Ranke foi testemunha das mudanças impulsionadas pela tormenta napoleônica, da proposta de restauração do Congresso de Viena e assistiu *in loco* a constituição do Império Alemão. Para os autores, a relevância social, política e histórica de Ranke fazem dele "um protagonista incontornável no século XIX" (Martins; Caldas, 2013, p. 15).

Para a historiografia alemã – e também para a tradição historiográfica ocidental como um todo –, Ranke foi fundamental na consolidação de um modelo de fazer história calcado no **rigor metodológico do processo de investigação**, assim como na consolidação da disciplina com uma **especialidade universitária**. Foi ele, por exemplo, o responsável pela institucionalização do modelo de **seminário** empregado nas universidades alemãs e logo adotado por instituições de outros países.

Na perspectiva de história delineada e praticada por Ranke, podemos destacar alguns aspectos centrais que se tornaram referência para a historiografia do período. Um dos mais marcantes é o **rigor metódico** no tratamento e interpretação das fontes, sobretudo como mecanismo de garantir a qualidade das informações delas extraídas. Tal preocupação com a apuração e a análise da documentação

*Ernesto Sobocinski Marczal*

também se relaciona com um segundo elemento da proposta de história apresentada pelo autor: a **objetividade**. O conceito não era novo e tampouco deve ser compreendido de maneira única. A ideia de que se poderia buscar um conhecimento verdadeiro e objetivo do passado estava ligada à sua percepção sobre o trabalho do historiador com relação às fontes. Uma das ideias atribuídas ao autor e recorrentemente reproduzida seria a de narrar as coisas tal qual realmente aconteceram. Como interpretam algum dos especialistas na obra rankeana, tal afirmação conecta-se mais a um apreço pelo olhar aguçado do historiador sobre as fontes do que à crença da possibilidade de um relato único e inquestionável sobre o passado. Analisar o passado com objetividade, mostrando as coisas como efetivamente ocorreram, pressupunha colocá-lo em uma perspectiva histórica, desnaturalizando-o, para possibilitar ao historiador organizar uma narrativa tão fiel quanto lhe permitissem as fontes.

Muitas vezes, o pressuposto da objetividade presente nas obras de Ranke é retratado como sinônimo de um **conhecimento puro**, calcado na **imparcialidade** do historiador, ocupado apenas em trazer à tona uma história já subjacente na documentação. Sob esse viés, de certa forma, caberia ao pesquisador o papel de meramente revelar uma história já existente, ou seja, a história não seria escrita pelo historiador, mas somente desvelada e levada a público por ele.

Tal argumentação aproxima muitas vezes o historicismo alemão de outro pressuposto que envolveu a prática histórica ao longo do século XIX em diversos lugares: o **positivismo**. A corrente filosófica delineada por **Auguste Comte** se espalhou por diversas áreas do saber, inclusive os estudos sobre as diferentes facetas do humano como, em nosso caso particular, a história. Em parte pelo próprio raio de ação do pensador francês, foi na França que se pôde sentir de forma mais efetiva o peso de suas reflexões sobre a disciplina histórica. Como postulava o sistema de ideias desenhado por Comte, seria preciso transpor para a história os **critérios de veracidade** e os **mecanismos metodológicos elaborados pelas ciências naturais**. Assim, os historiadores poderiam expor a realidade dos fatos e, a partir destes, delimitar, tal como ocorreria com a biologia e com a física, leis gerais de funcionamento para as sociedades humanas. A exposição desse conhecimento verdadeiro, sistemático e definitivo sobre a história permitiria ao homem influir sobre a natureza e planejar sua organização política e social. Tal proposta não só assinalava para um saber eminente científico, no qual o discurso histórico já estava balizado no passado anterior à ação do historiador, como demarcava um fluxo temporal único, contínuo e linear da humanidade. Nesses termos, a história positivista parecia buscar uma **regularidade** nas ações humanas, flertando com uma defesa do progresso em uma apologia ao seu contínuo aperfeiçoamento. Em parte, essa leitura de um desenvolvimento contínuo – de certo modo, um caminho civilizatório – remetia ao impacto da teoria evolucionista de Darwin sobre a biologia e as ciências naturais como um todo.

Embora tanto o historicismo alemão quanto a história positivista guardassem semelhanças gerais aparentes, como uma pretensa objetividade e busca pela verdade histórica, ambos apresentavam perspectivas distintas quanto à concepção do saber histórico e do papel do historiador em sua apuração. No caso da historiografia alemã, valorizava-se a **capacidade hermenêutica** do historiador, isto é, a habilidade e os métodos utilizados para interpretar as fontes e, com base nelas, organizar sua argumentação e elaborar sua escrita histórica.

*A precisão era considerada essencial para a determinação dos fatos e, por extensão, à identificação e à autenticação das fontes primarias. Até então, a afirmação dos historiadores de que eram capazes de produzir história objetiva parecia não ser complicada, mas nenhum historiador alemão afirmava que as fontes falavam por si. Ao revelar e verificar as evidências, o historiador só tinha feito as tarefas preliminares. Agora é que começa o trabalho de verdade. A parte principal do texto era dedicada a argumentação e a persuasão [...]. E o que diferenciava o historiador do antiquário era a sua* **habilidade interpretativa.** (Harrison; Jones; Lambert, 2011, p. 43, grifo nosso)

Obviamente, esse trabalho deveria estar devidamente embasado nas fontes, o que gerava uma série de referências aos documentos consultados, normalmente listados em extensas sequências de notas de rodapé no decorrer dos trabalhos. Afinal de contas, as fontes eram o suporte responsável por permitir ao historiador o acesso ao passado, bem como por fornecer-lhe as provas e evidências necessárias para sustentar firmemente sua argumentação. Em certo sentido, essa relação com a legitimidade das provas, submetidas ao crivo metodológico e comprobatório do pesquisador, compunha um dos alicerces na reivindicação do pressuposto científico pretendido pela disciplina.

Além disso, é interessante destacar que o reconhecimento de uma pluralidade de visões, proveniente do exercício interpretativo de diferentes pesquisadores, não colocava em xeque a objetividade do conhecimento produzido. Como destacara Ranke, o saber histórico não se dava apenas com base no objeto de estudo, mas desenvolvia-se a partir de sua relação com um sujeito específico, o **historiador** (Martins; Caldas, 2013). Desse modo, o processo de produção histórica levava em conta a posição específica espacial e temporal do historiador, considerando-a um aspecto importante na elaboração de cada estudo, bem como na apreciação de sua obra por parte de seus pares. É o que sintetiza a sequência da análise de Harrison, Jones e

Lambert (2011, p. 43) sobre o papel e o entendimento do fazer historiográfico alemão no século XIX:

> *Somente por meio da interpretação se poderia encontrar a verdade histórica, mas a interpretação, como aceitavam prontamente os historiadores, gerava visões que variavam, principalmente de acordo com o momento em que o historiador estivesse escrevendo. O ponto de vista particular do historiador determinava o que ele entenderia a partir das evidências. Não obstante, esse entendimento não fazia com que houvesse um recuo na firmação de legitimidade, muito menos um colapso na direção do relativismo extremo. O ponto de vista dos historiadores não era questão de escolha arbitrária ou individual, e suas perspectivas eram expressões das épocas em que escreviam.*

Como destacam os autores, na historiografia alemã, a **hermenêutica** era tida como parte essencial do trabalho do historiador. Ainda que a crença no desenvolvimento da Alemanha como Estado-nação em vias de acumular prestígio progressivo e poder fosse um traço comum, o envolvimento e a lealdade para com esse projeto político era distinto e compunha uma variável ao olhar de cada historiador. Seguindo a linha da própria concepção de história elaborada, era recorrente que cada geração de historiadores sobrepujasse sua percepção em relação à anterior e afirmasse sua suposta superioridade (Harrison; Jones; Lambert, 2011).

A preocupação com a prova documental daquilo que relatava o historiador também aparecia nas vertentes da produção histórica influenciadas pelo positivismo. Porém, diferentemente da tradição alemã, o trabalho do pesquisador positivista residia em **dar voz às fontes**, permitir que elas falassem e revelassem o passado por si. Seu trabalho deveria ser conduzido de tal forma que o historiador se aproximaria de um cientista puro, o qual, munido de seu microscópio,

*Ernesto Sobocinski Marczal*

vasculharia os resquícios documentais do período para fazer emergir deles a verdadeira história. Como destaca Carlos Aguirre Rojas (2007), em seu *Antimanual do mau historiador*, essa perspectiva reduzia o trabalho do historiador ao manejo dos documentos escritos e à crítica interna e externa do material, de modo a identificar, ordenar, classificar e sistematizar os fatos em uma narrativa generalizante que, via de regra, "apenas nos conta em prosa o que já está dito em verso nos mesmos documentos" (Rojas, 2007, p. 21).

Essa mesma postura pode ser observada na **história cientificista** que tomou forma nos Estados Unidos no mesmo período. Com influências tanto do historicismo alemão quanto do positivismo de Comte, a disciplina incorporou o rótulo de **ciência** tanto nas expectativas de investigação histórica quanto com a finalidade de garantir a autoridade profissional de seus especialistas. Tal qual a física ou para a biologia sob o viés do evolucionismo darwinista, cabia ao historiador a tarefa árdua de revirar os vestígios, filtrar evidências e agrupá-las em busca de generalizações capazes de revelar leis universais previamente existentes, ao invés de buscar suposições e testar hipóteses definidas de antemão pelo investigador. A título de exemplo, podemos observar a fala do historiador **Albert Bushnell Hart** à American Historical Association (AHA) em 1910, quando as concepções sobre o saber histórico cientificista desenvolvido ao longo do século XIX já haviam se cristalizado como modelo hegemônico:

> *Necessitamos de uma verdadeira escola de história que examine as fontes sem remorsos e separe o joio do trigo; que faça uma avaliação crítica das evidências; que vá em busca de resultados de forma desapaixonada e moderada. Para esse processo, temos a feliz analogia das ciências físicas: Darwin não passou 20 anos acumulando dados e selecionando fenômenos típicos antes de fazer uma tentativa de generalização? Também a*

*história tem seu método indutivo, sua concentração incansável do grão em seu funil estreito, até que, por seu próprio peso, busque a única saída.*

*Também na história, dados dispersos e aparentemente sem relação entre si se juntam harmoniosamente; a mente é levada à descoberta das leis. [...]*

*Foi assim que Darwin chegou a seu princípio orientador universal da seleção natural. Não é assim que devem trabalhar os historiadores?* (Hart, citado por Harrison; Jones; Lambert, 2011, p. 54)

Juntamente com o trabalho de **interpretação das fontes** também estava implícita a ideia de uma suposta **imparcialidade** do historiador, um distanciamento com relação ao objeto investigado, algo que lhe permitiria avaliar o passado sem tomar partido dos eventos estudados e seus desdobramentos subsequentes. Essa atitude concordava tanto com a postura esperada do cientista – neutro perante os resultados dos experimentos realizados – quanto com o objetivo de construção de uma história universal e verdadeira. Para isso, os pesquisadores deveriam despir-se de crenças, costumes e preferências partidárias e ideológicas. Somente com esse exercício de (suposto) desprendimento é que os historiadores poderiam se dirigir às suas fontes de uma posição privilegiada, de onde seriam capazes ter uma visão panorâmica, total e abrangente dos eventos significativos do passado.

A seleção dos momentos dignos de atenção do historiador, aqueles considerados como relevantes ao desenvolvimento da história em seu curso progressivo e linear, também seguia uma predileção temática comum, conivente com os preceitos delineados para disciplina como saber científico e socialmente relevante até então. A vertente de uma **análise política tradicional**❶ emergia quase unânime entre os especialistas como área de interesse comprometida com um conhecimento importante e socialmente relevante. Afinal de contas, o que mais poderia ser de importância a uma história preocupada com a verdadeira trajetória do humano do que a condução dos destinos das sociedades e das civilizações sob os cuidados daqueles com predisposição, saber e poder para geri-las?

## ❶ Atenção!

Adicionamos o termo *tradicional* como um indicativo da concepção de política adotada, uma vez que os debates atuais sobre o universo político, bem como sua percepção no interior da história, já apresentam uma significação bastante distinta, mais ampla e complexa. Retornaremos a essa apreciação renovada da política no Capítulo 3.

Essa **percepção limítrofe da história como política** remetia a um duplo problema sobre o fazer historiográfico, que ecoaria de modo mais evidente no decorrer do século XX. O primeiro residia justamente na negação – ou ao menos em certo repúdio – a outras possibilidades de enxergar o passado para além do filtro político. Isso não significa que não houvesse pesquisadores interessados por outras facetas da vida humana e que trabalharam o saber historiográfico sobre outros vieses. O próprio Ranke, por exemplo, mesmo ao manifestar sua predileção pela investigação política como elemento central da narrativa histórica, não negligenciava a importância de outros aspectos da vida social, como a literatura, o direito e a economia (Martins; Caldas, 2013).

Nesses termos, talvez o caso mais expressivo seja o do trabalho empreendido por **Jacob Burckhardt**. O pesquisador suíço, também aluno de Ranke em Berlim – junto com outros expoentes da história alemã no século XIX –, organizou seu escopo de interesse por um caminho diversificado, no qual empreenderia uma árdua investigação sobre a Itália renascentista, praticamente inaugurando a percepção da **história cultural** como um gênero histórico possível (Fernandes, 2013). Burckhardt defendia o estudo do passado das sociedades a partir da dinâmica de três potências, o Estado, a religião e a cultura, sendo esta última o espaço por excelência da **liberdade** e da manifestação da **capacidade de criação** individual humana.

Em seus estudos, a organização da sociedade na **Itália da Renascença** marcava tanto a passagem do mundo medieval ao moderno quanto um dos espaços no qual a cultura havia sobrepujado o Estado e a religião como principal expressão do humano (Burckhardt, 1991). O trabalho de Burckhardt, entretanto, acabaria associado principalmente à **filosofia da história** e à **história da arte** – esta última, inclusive, organizou-se sob uma dinâmica disciplinar própria em relação ao saber histórico tal como se apresentava ao final do século XIX. Somente nas décadas finais do século XX é que o trabalho do historiador passou a ser retomado, sobretudo pelos investigadores preocupados em observar o fenômeno artístico em sintonia com uma leitura mais ampla, propiciada pela história da cultura – uma articulação na qual o autor foi maestro ao estudar as artes e a cultura do Renascimento.

> ## Saiba mais!
>
> A obra de Burckhardt mais conhecida é justamente *A cultura do Renascimento na Itália*, publicada originalmente em 1860.
>
> BURCKHARDT, J. **A cultura do Renascimento na Itália**: um ensaio. Brasília: Ed. da UnB, 1991.

*Ernesto Sobocinski Marczal*

O segundo problema na abordagem política atribuída à história residia na **percepção bastante limitada** do fenômeno político. A preocupação dos pesquisadores orbitava ao redor de lugares determinados, em particular a constituição e a evolução dos sistemas políticos e das instituições de poder nas sociedades, bem como a progressiva organização do Estado. Também atentavam para a chamada *história-batalha*, um apanhado dos grandes confrontos militares, normalmente sob a ótica estratégica de seus comandantes e dos grandes expoentes no campo de batalha, assim como para os instantes de crise que cercavam alguma civilização. Ao relatar o **paradigma tradicional de história**, Peter Burke (2011, p. 10-11) apresenta o extrato de interesse da disciplina da seguinte maneira:

> *De acordo com o paradigma tradicional, a história diz respeito essencialmente à política. Na ousada frase vitoriana de Sir John Seeley, Catedrático de História em Cambridge, "História é a política passada: política é a história presente". A política foi admitida para ser essencialmente relacionada ao Estado; em outras palavras, era mais nacional e internacional do que regional.*

Na sequência de sua pesquisa, contudo, o autor não deixa de observar a presença de outras vertentes de uma possível análise histórica, às quais podemos acrescer aquela praticada por Burckhardt. Apesar disso, Burke ressalta o caráter marginal dessas abordagens em relação ao foco de interesse primordial dos historiadores sérios e comprometidos com a disciplina:

> *No entanto, [essa perspectiva] não incluía a história da Igreja como instituição e também o que o teórico militar Karl von Clausewitz definiu como "a continuação da política por outros meios", ou seja, a guerra. Embora outros tipos de história – a história da arte, por exemplo, ou a história*

*da ciência – não fossem totalmente excluídos pelo paradigma tradicional, eram marginalizados no sentido de serem considerados periféricos aos interesses dos "verdadeiros" historiadores.* (Burke, 2011, p. 11)

Tratava-se de uma visão de história que se preocupava com os "grandes" fatos políticos, com as ações espetaculares dos governos, de seus líderes e personagens de destaque. Contudo, a conduta mais perigosa residia na **postura acrítica** com relação aos poderes e grupos hegemônicos em cada contexto e situação explorados. Desse modo, incorria-se em uma visão perigosa, na qual se reproduziam pontos de vista dominantes e previamente estabelecidos, de maneira a reforçar posições já consolidadas e combater vozes dissonantes. Embora as noções de objetividade e imparcialidade fossem inerentes à abordagem cientificista da história, os especialistas não conseguiam – ou não queriam – admitir que a suposta isenção de seu olhar já estava comprometida desde o princípio. Ao eleger um mirante político específico, estabelecido de cima, com uma perspectiva linear e contínua de progresso, os autores incorporavam, mesmo que inconscientemente, um parâmetro de análise no qual o critério de verdade e o sentido da história, bem como sua evolução política rumo aos Estados-nação modernos, estavam **definidos *a priori***. Em certo sentido, o fio condutor da história política, sob fortes tonalidades nacionalistas, assumia o modelo dos Estados-nação do século XIX e do início do século XX, notadamente das potências imperialistas europeias, como paradigmas da evolução política e civilizacional dos agrupamentos humanos mais desenvolvidos.

Os moldes sobre os quais a historiografia se desenvolveu ao longo do século XIX, particularmente ao redor das variáveis positivistas e cientificistas que dominaram, com raras exceções, os principais polos acadêmicos, também incorreram em uma restrição importante quanto aos vestígios pertinentes à investigação histórica. O cuidado com os

*Ernesto Sobocinski Marczal*

documentos, sua autenticação e legitimação, preocupava os historiadores ao ponto de negar a uma série de materiais o *status* de fonte histórica. Em acordo com os parâmetros de uma disciplina metodologicamente severa, ressoante com a reivindicação do título de ciência, bem como de uma visão de história que elegia os lugares sedimentados do político como seu foco de atuação, a atenção documental se voltava para os **registros escritos do passado**. Mas não registros de qualquer tipo; apenas aqueles de **caráter oficial**, identificados por alguma personalidade ou instituição idônea e reconhecível, como o Estado ou a Igreja, e devidamente armazenados nos mais variados arquivos ou bibliotecas.

A história tradicional – metódica e positivista – que emergiu ao longo do século XIX como ciência exigia uma posição de referência entre as disciplinas ocupadas com o estudo do humano e do social. Cabia à velha "mestra da vida" conduzir as investigações sobre o passado e revelar a verdade sobre os acontecimentos, organizá-los em uma cadeia temporal sequencial, sinalizar as raízes históricas das sociedades humanas modernas e destacar os personagens que as colocavam em movimento. O estatuto sólido de um saber organizado cientificamente, comprovável, objetivo e verdadeiro, capaz de resgatar o passado e narrá-lo tal qual aconteceu ganhou espaço junto à sociedade e flertou com os poderes estabelecidos, tanto nas instituições de ensino quanto fora delas. O desenvolvimento da disciplina ao longo do século XIX marcou a entrada da história na academia, sistematizou e organizou um campo de estudo que, até então, encontrava-se um tanto espraiado e desforme.

Ainda assim, o advento do novo século, sobretudo diante das transformações impulsionadas pela Grande Guerra, abalou as bases estabelecidas da historiografia tradicional. Os paradigmas de estudo que a marcaram passariam a ser solapados por diferentes historiadores. Impulsionados pela própria experiência histórica recente, com o impacto de diversas mudanças políticas, sociais e econômicas, da organização e do questionamento de outras áreas do saber, diversos pesquisadores buscaram novas possibilidades de visualizar o passado, atentar para perspectivas inéditas e questionar preceitos do fazer histórico já cristalizado. Enfim, propostas novas e diversas, tanto no que tange ao conceito de *história* quanto na prática historiográfica.

## (1.3)
## SÉCULO XX: A ESCOLA DOS ANNALES

Um dos movimentos mais conhecidos e influentes na escrita da história durante o século XX foi, sem dúvida, a chamada *Escola dos Annales*. Os historiadores colaboradores da **revista francesa**⑩ de mesmo nome formavam um grupo **reativo** ao panorama tradicional estabelecido, engajado em romper os limites da história positivista imperante e expandir as fronteiras do estudo histórico. Nas décadas seguintes à organização da revista, fundada em 1929, os pesquisadores associados aos Annales se estabeleceram como referências na historiografia francesa, ocupando espaços de destaque na produção histórica local, e não tardaram a exportar sua influência e sua perspectiva sobre o fazer historiográfico para outros países.

---

### ⑩ Contextualizando!

Ao longo de sua trajetória, a revista já teve cinco títulos distintos: *Annales d'histoire économique et sociale* (1929-1939); *Annales d'histoire sociale* (1939-1942, 1945); *Mélanges d'histoire sociale* (1942--1944); *Annales: économies, societés, civilisations* (1946-1994); e *Annales: histoire, sciences sociales* (1994-) – em uma tradução livre,

*Ernesto Sobocinski Marczal*

respectivamente: *Anais de história econômica e social; Anais de história social; Miscelâneas de história social; Anais: economias, sociedades, civilizações;* e *Anais: história, ciências sociais* (Burke, 2010; Dosse, 2003b). Embora o subtítulo tenha sofrido modificações, em concordância com as diferentes fases do movimento, a nomenclatura *Annales* foi praticamente uma constante no percurso da revista até o momento.

Contudo, ainda que os historiadores se refiram recorrentemente a esse movimento como uma **escola**, ou seja, um conjunto sistematizado com uma proposta definida e transmissível de fazer história – passível de ser ensinada – o rótulo foi frequentemente negado por seus integrantes. **Marc Ferro**, um dos expoentes na produção histórica francesa a partir da década de 1960, durante um debate internacional sobre a contribuição dos Annales em Stuttgart, em 1985, rejeitou veementemente a constituição de uma escola. Ainda assim, frequentemente empregava o termo *nós* para designar o grupo, o que atestava certa unidade, coerência e identificação entre seus integrantes (Burke, 2010). Como destaca Burke, os Annales apresentaram configurações mais amplas e complexas do que normalmente lhes atribui a crítica, com variações nas diferentes gerações de investigadores que integraram a publicação e nas contribuições particulares que relegaram à historiografia. Segundo Burke (2010, p. 12-13),

> *Essa escola é, amiúde, vista como um grupo monolítico, com uma prática histórica uniforme, quantitativa no que concerne ao método, determinista em suas concepções, hostil ou, pelo menos, indiferente à política e aos eventos. Esse estereótipo dos Annales ignora tanto as divergências individuais*

*entre seus membros quanto seu desenvolvimento no tempo. Talvez seja preferível falar num movimento dos Annales, não numa "escola".*

Ainda assim, tal como ressalta Dosse (2003a), a institucionalização dos Annales em posições e cargos-chave na academia francesa, sobretudo após a Segunda Guerra Mundial, acabou por fomentar a organização de um programa que buscava um **intercâmbio com as ciências sociais**, sobretudo com a sociologia estruturalista de Durkheim, ao ponto de reagrupar, gradualmente, "quase a totalidade da corporação historiadora sob seu estandarte, ao longo de todo o século XX" (p. 72). Enquanto Burke observa na pluralidade dos historiadores e das transformações geracionais que permearam a revista a possibilidade de enxergá-la como um movimento, Dosse assinala a formação e a cristalização gradual de um **programa**, aliado à institucionalização dos grupos de historiadores em posições de poder institucional, elementos que fizeram com que a revista se transformasse rapidamente em uma **escola histórica**.

Ainda que os Annales tenham apresentado diferentes configurações, com rupturas e reorganizações, ao longo de sua trajetória, alguns fundamentos se mantiveram relativamente estáveis, ao menos entre as décadas de 1930 e 1960. A característica mais evidente talvez seja a **negação da história tradicional positivista** que imperava na França desde o final do século XIX. Nesse processo, as recusas mais evidentes foram a **oposição ao imperativo do político**, sobretudo em sua faceta personalista e factual, e a **perspectiva de uma "história-narração"**, como uma compilação sucessiva dos acontecimentos sem um viés crítico que norteasse a análise do historiador. A resposta mais evidente do grupo a essa última questão foi a proposta de passar para uma "história-problema", na qual o historiador viabilizaria sua investigação mediante a formulação de hipóteses de trabalho (Febvre,

*Ernesto Sobocinski Marczal*

1977, p. 31). Em uma definição sucinta, tratava-se de compreender a história não como uma ciência em si, mas como "um saber cientificamente orientado" (Febvre, 1977, p. 32).

A negação – ou, pelo menos, o abandono do político – situava-se na perspectiva de organizar uma **história preocupada com todas as atividades humanas**, e não apenas com uma única faceta, eleita como preponderante entre tantas possíveis. Em paralelo a essa leitura, agregava-se a predileção por uma história voltada aos **aspectos coletivos e sociais**, em contrapartida a uma abordagem centrada em eventos isolados, fixados em indivíduos, determinadas elites e fatos irrepetíveis. Esse deslocamento de perspectiva ampliou o horizonte de pesquisa dos historiadores para novas questões, antes marginais ou ignoradas pelo saber histórico. O **social** e o **econômico** assumiram posições preponderantes na produção historiográfica que gravitava ao redor da revista e era fomentada por seus integrantes.

Ao mesmo tempo, essa mudança de foco assinalou a **influência das ciências sociais**, como a sociologia, a economia, a geografia, a demografia, a psicologia social e a antropologia, sobre o pensamento histórico dos Annales. O intercâmbio disciplinar foi presença constante entre seus membros. Do diálogo e da colaboração com as ciências sociais, a história defendida pelos Annales extraiu problemas e temas de pesquisa, conceitos e modelos de análise, métodos e técnicas de investigação. Não por acaso, Lucien Febvre, um dos fundadores da revista, ao lado de Marc Bloch – os quais abordaremos adiante –, afirmava categoricamente que

> Para fazer história, virem as costas resolutamente ao passado e antes de mais [sic] vivam. Envolvam-se na vida. Na vida intelectual, sem dúvida, em toda a sua variedade. Historiadores, sejam geógrafos. Sejam também juristas e sociólogos, e psicólogos; não fechem os olhos ao grande

*movimento que, a vossa frente, transforma, a uma velocidade vertiginosa, as ciências do universo físico.* (Febvre, 1977, p. 40)

O intercâmbio com as ciências sociais, assim como a revisão da disciplina, também conduziu a uma **nova apreciação dos documentos de interesse dos historiadores.** Como vimos anteriormente, o domínio de investigação histórica se restringia quase que exclusivamente aos vestígios escritos, normalmente de caráter oficial, armazenados nos arquivos. A consideração abrangente de que praticamente toda a atividade humana tem uma história pulverizava, virtualmente, as restrições temáticas do saber historiográfico, ao mesmo tempo que expunha as limitações desse tipo de documentação em dar conta de um passado tão abrangente.

A **prerrogativa oficial dos registros** também foi problematizada, principalmente pelos pesquisadores interessados no estudo de grupos subalternos, pois, em geral, tais documentos reproduziam o ponto de vista dos agentes institucionais. Para reconstituir as ações de hereges, dos camponeses ou de rebeldes, por exemplo, era necessário recorrer a outros tipos de fontes, escritas ou não.

Nesse sentido, a abertura da concepção de *história*, sobretudo quanto ao entendimento daquilo que seria passível da atenção do historiador, ampliou, também, o espectro dos subsídios pertinentes – e válidos – à sua apreciação. Uma **gama maior de vestígios passou a ser considerada**[1] como evidências orais, visuais e estatísticas, além de abarcar uma variedade maior de documentos escritos. Ainda que as fontes escritas tenham se mantido como as mais utilizadas pelos historiadores, agora acrescidas da literatura, de grafites, cartazes, veículos de imprensa e outros, verificou-se o acréscimo de imagens, entrevistas, filmes, materiais arqueológicos, mapas, listas de preço, dados estatísticos, demográficos, eleitorais etc.

*Ernesto Sobocinski Marczal*

## ❶ Atenção!

É importante observarmos que a ampliação das fontes históricas não ocorreu de maneira simples. A inclusão de uma série de evidências com as quais os historiadores não estavam acostumados e preparados para trabalhar desencadeou uma série de desafios metodológicos a serem superados. A busca por parâmetros, sobretudo na troca com outras disciplinas, foi essencial para desenvolver os mecanismos necessários para abordar, interpretar e criticar documentos imagéticos, orais, obras ficcionais e dados estatísticos. Um dos resultados desse processo foi a criação de alguns nichos historiográficos voltados às novas discussões, como a história oral, preocupada com os mecanismos necessários para analisar relatos, entrevistas e dados transmitidos por meio da oralidade, e a história serial ou os debates em torno da relação entre história e memória, história e imagem e história e patrimônio.

A alteração da percepção da dimensão temporal também foi um traço de suma importância na historiografia composta pelos Annales. Ao invés da perspectiva contínua, sequencial, linear e cronológica, observavam-se **diferentes níveis de temporalidade**, de acordo com os aspectos analisados no estudo histórico. Desse modo, identificou-se a **curta duração dos acontecimentos**, efêmeros e passageiros, mesmo quando impactantes; a **média duração das conjunturas**, ao mesmo tempo variáveis e múltiplas; e a **longa duração das estruturas**, cuja cadência de transformação opera de modo muito mais lento sob uma percepção bem mais longitudinal.

Mesmo no longo prazo, as distinções nas variações de ritmo são flagrantes, pois variam de acordo com cada estrutura abordada. Por exemplo, as variações nas mudanças relacionadas à mentalidade e às formas de pensar de uma sociedade são geralmente mais lentas do que as mudanças na economia – que, por sua vez, são também mais demoradas que as mudanças no aparato técnico de uma sociedade (Cardoso; Vainfas, 1997).

A mudança na concepção temporal também se apresenta na **necessária revisão da distância interposta entre o historiador e o passado**[1]. Se antes a história era definida apenas como a "ciência do passado", passou-se a adicionar, também, a dimensão de uma "ciência do presente". As questões colocadas pelos pesquisadores, em concordância com a proposta de uma história-problema, são obrigatoriamente pensadas a partir de seu tempo de origem: o presente. **Os historiadores, assim como aqueles a quem se dirigem, são homens de seu tempo,** contemporâneos, localizados em mesmo estrato temporal de onde surgem suas dúvidas, motivações e o espaço de **interlocução.** É impossível falar com os mortos, tampouco colocar-se plenamente em seu lugar. Por isso, a prática histórica exige do pesquisador a consciência dessa relação dinâmica com o presente – de onde parte e para quem fala o historiador – e com o passado – para o qual projeta seu olhar –, que passa a ser fundamental no desenvolvimento do estudo histórico. Ou seja: ao mesmo tempo que buscamos respostas no passado para problemas elaborados no presente, é imperativo conhecermos nosso próprio tempo para que tenhamos condições de compreender outros períodos históricos.

*Ernesto Sobocinski Marczal*

## ❶ Atenção!

Além de repensar o trabalho do historiador, essa nova percepção da relação entre passado e presente chamou a atenção para o risco eminente do **anacronismo** – no caso, o desenvolvimento de análises calcadas em parâmetros, conhecimentos, ideias, conceitos e valores que não pertencem à época e à sociedade investigadas ou não se aplicam a elas. Por exemplo, quando falamos do Brasil antes mesmo da chegada dos portugueses, em 1500, estamos utilizando uma caracterização nacional que sequer existia ou se imaginava que poderia vir a existir, incorrendo em erro histórico.

Ainda que o historiador conviva com o anacronismo, pois pertence a um período histórico distinto daquele que estuda, deve estar ciente dos problemas que provoca na construção de um entendimento histórico. Por isso, o historiador deve refletir sobre sua pesquisa e escrita para minimizar ao máximo os efeitos do anacronismo, sobretudo a emissão de juízos de valor perigosos, emitidos já à luz de desdobramentos históricos posteriores.

As ideias que acabamos de sintetizar não foram elaboradas de forma definitiva desde o princípio, de maneira estática ou acrítica, mas constituídas e (re)trabalhadas ao longo da caminhada do movimento. De certa maneira, esses pressupostos de investigação histórica convergiram em uma das grandes ambições do movimento, cujas sementes jazem em seus fundadores: a elaboração de uma **história total ou global**. Contudo, o ideal almejado diferia da proposta da elaboração de um conhecimento único e verdadeiro no sentido de que uma versão da história se sobressairia às demais. Antes disso, representava a pretensão de conhecer uma determinada sociedade em suas múltiplas dimensões e, por meio da junção de suas partes, obter um conhecimento histórico-social total. Não por acaso, esse projeto seria definido por Bloch como um **trabalho colaborativo**, fruto do esforço e da produção de diferentes pesquisadores, uma história eminentemente **solidária**.

A fim de organizar as principais características da Escola dos Annales resenhadas e debatidas anteriormente, sintetizamos as ideias centrais nos tópicos a seguir:

1. Formulação de uma **"história-problema"**, calcada em problemáticas e hipóteses de trabalho, em substituição à "história-narração" factual estabelecida anteriormente.

2. Ampliação da perspectiva de história, preocupada em estudar as atividades humanas como um todo. Na prática, observava-se uma **rejeição à história política** e um **investimento** nas dimensões sociais e econômicas.

3. Em paralelo ao item anterior, houve um abandono da história eventual, centrada em grandes indivíduos e acontecimentos, para focar em estudos voltados aos **aspectos coletivos**, com uma predileção singular para a **investigação das estruturas**.

4. **Interdisciplinaridade.** Estímulo de diálogo e debate críticos com as ciências sociais – sem distinguir fronteiras estreitas e imutáveis –, por meio dos quais os Annales importaram problemas de estudo, conceitos, modelos, métodos e técnicas de pesquisa.

5. **Ampliação do conceito de *fonte*.** Questionamento dos registros escritos oficiais e valorização de outros suportes documentais – imagens, relatos orais, vestígios materiais, produções cartográficas, dados estatísticos etc.

6. Tomada de consciência de uma **temporalidade histórica múltipla e plural**, formada por níveis simultâneos com diferenças de duração e ritmo – curta, média e longa duração, variando de acordo com o aspecto analisado.

*Ernesto Sobocinski Marczal*

7. Percepção da história como um saber que se desenvolve a partir da relação **entre passado e presente**. Os historiadores partem de seu próprio tempo, de onde articulam suas dúvidas, questionamentos e instrumentos de análise, para examinar um determinado período do passado. Da mesma maneira, sua fala trata também do presente, uma vez que o público a quem direciona seus estudos é composto por seus contemporâneos.

8. Projeto de elaborar uma **história total**, capaz de englobar diversos fragmentos da vida de determinada sociedade, por meio de abordagens voltadas a aspectos múltiplos ou da reunião e colaboração de diversos trabalhos.

Apesar de marcarem a trajetória dos Annales, ao mesmo tempo que sinalizam algumas de suas propostas historiográficas mais acentuadas, esses elementos não estiveram presentes de maneira perene ou constante. Tampouco foram formulados de uma única vez ou se encontravam latentes desde o início da revista. Embora alguns autores discordem quanto à classificação dos Annales dentro da historiografia, particularmente francesa – seria um simples agrupamento, um movimento que pôs em marcha reflexões de diversos historiadores, ou uma escola com um projeto de história e de poder? –, reconhecem, em sua maioria, a presença de diferentes gerações de historiadores que marcaram os rumos da publicação, suas predileções temáticas e metodológicas. Na sequência, apresentaremos rapidamente cada etapa, alguns dos principais expoentes e suas obras.

### 1.3.1 MARC BLOCH E LUCIEN FEBVRE: OS FUNDADORES DE UMA REVOLUÇÃO NA HISTORIOGRAFIA FRANCESA

A primeira edição da *Annales d'histoire économique et sociale*, lançada em 15 de janeiro 1929, pouco antes da crise financeira que desencadearia um **colapso na economia mundial**⑩, trouxe uma mensagem de seu corpo editorial na qual descrevia a longevidade da proposta da revista e lamentava as cercas estabelecidas entre historiadores e cientistas sociais, além de destacar a necessidade de empreender uma troca intelectual profícua entre as partes. A composição editorial do exemplar já retratava em parte essa proposta, pois não reunia apenas historiadores, mas abria espaço para um geógrafo (Albert Damangeon), um cientista político (André Siegfried), um economista (Charles Rist) e um sociólogo (Maurice Halbwachs). Também já reivindicava para si um **papel diretivo** nos estudos sobre a história, destacadamente em suas vertentes social e econômica. Não almejava ser apenas uma nova revista acadêmica, mas surgir como um expoente de uma **nova e interdisciplinar abordagem da história**. Se a publicação não apresentava um projeto claramente definido para a disciplina, já demarcava sua **oposição** às concepções de história que dominaram a geração anterior dos profissionais da área na França.

---

## ⑩ Contextualizando!

O evento em questão foi a quebra da bolsa de Nova York, nos Estados Unidos. O colapso do centro financeiro não só prejudicou radicalmente a economia estadunidense, fazendo com que o país norte-americano submergisse em um período de grande depressão, mas demarcou a falência do modelo econômico especulativo em um efeito dominó que se alastrou por quase todo o globo, com efeitos, inclusive, na economia e na política brasileiras, em grande parte ancoradas na exportação do café.

*Ernesto Sobocinski Marczal*

De fato, nem o projeto de criação da revista nem a rebelde proposta de renovação eram inéditas aos seus fundadores mais destacados, **Marc Bloch** e **Lucien Febvre**, pois remetiam à trajetória acadêmica de ambos, com a convergência de algumas percepções sobre o saber histórico em que partilhavam, relativamente, de uma mesma compreensão. Como destaca Burke (2010, p. 37), "o que se pode afirmar com bastante convicção é que, se Febvre e Bloch não concordassem no fundamental de seu trabalho comum, o movimento não teria sido um sucesso".

Tanto um quanto outro encontraram, na **Escola Normal Superior**, em Paris, o ponto de entrada para a vida acadêmica. Febvre, oito anos mais velho, ingressou em 1898 e saiu em 1902. Já Bloch estudou na instituição entre 1902 e 1908. Então separada da Universidade de Paris, tratava-se de uma instituição constituída por uma pequena escola superior e prestigiada pela rigidez disciplinar, nos moldes das *public schools* (escolas públicas, em uma tradução livre) inglesas, além da alta qualificação de seu corpo docente, composto por professores que eram expoentes em diferentes áreas do conhecimento. O sistema de ensino seguia a fórmula, ainda bastante presente na educação superior, de seminários e aulas expositivas. Foi durante a passagem pela instituição que ambos tiveram contato com suas primeiras experiências multidisciplinares, a partir do contato com diferentes professores que influenciaram de alguma maneira sua produção nos anos seguintes.

Febvre, por exemplo, foi aluno do filósofo Henri Bergson, do filósofo e antropólogo Lucien Lévy-Bruhl, do historiador da arte Émile Mâle – um dos primeiros a concentrar seus estudos nas imagens, na iconografia, e não na história das formas –, do linguista Antoine Meillet – aluno de Durkheim e preocupado com os aspectos sociais da língua – e do geógrafo Paul Vidal de La Blache (Burke, 2010).

Este último, inclusive, marcou definitivamente a trajetória de Febvre, influenciando também a proposta dos Annales. A geografia vidalina se aproxima do estudo da **relação do humano com o espaço físico**, distanciando-se da análise do político, do acontecimento e do positivismo. A influência do autor também foi sentida pelas introduções geográficas de seus estudos, uma característica que se estenderia a diversos trabalhos de historiadores ligados aos Annales na década de 1960, sobretudo após *O Mediterrâneo*, de Braudel.

Já Bloch, em sua passagem pela escola, também teve aulas com Meillet e Lévy-Bruhl. O pai de Bloch, Gustave, lecionava História Antiga na instituição e contribuiu para que o interesse do filho por outras disciplinas, como a arqueologia e a sociologia, crescesse. Porém, foi outro professor que influenciou de maneira definitiva a aproximação do historiador com a sociologia: Émile Durkheim, o qual ingressou na instituição mais ou menos na mesma época que Bloch iniciou seus estudos. A revista organizada pelo sociólogo, *L'Année sociologique* (*O ano sociológico*, em uma tradução livre), foi particularmente impactante no percurso acadêmico de Bloch, assim como de outros historiadores de sua geração.

Outra publicação importante e influente para os jovens historiadores foi a *Revue de synthèse historique* (*Revista de síntese histórica*, em uma tradução livre), idealizada pelo filósofo Henri Berr como um espaço de síntese das análises organizadas nas ciências sociais por meio do **conhecimento histórico**[11] – um projeto que foi retomado nos Annales em sua proposta de intercâmbio disciplinar capitaneado pela história. A revista de Berr, lançada em 1900, surgiu, tal qual a proposta de Durkheim, como um contraponto ao modelo positivista e uma alternativa aos jovens historiadores ao dogmatismo do manual metódico de duas grandes referências da história tradicional na França, Charles-Victor Langlois e Charles Seignobos, *Introduction*

*Ernesto Sobocinski Marczal*

*aux études historiques* (*Introdução aos estudos históricos*, em uma tradução livre), publicado em 1897. Não por acaso, foi nessa publicação que o célebre artigo de François Simiand, "Método histórico e ciências sociais" (que, aliás, foi republicado na revista *Annales* durante a década de 1960), veio a público, fazendo um forte ataque à historiografia tradicional, preocupada com as origens, a compilação dos fatos políticos e a vida de indivíduos destacados – elementos que, na concepção do autor, comporiam os três grandes "ídolos" dos historiadores (o cronológico, o individual e o político). Tanto Febvre quanto Bloch contribuíram em diferentes momentos com a revista de Berr, além de terem travado um profícuo diálogo com o autor.

## ⑪ Contextualizando!

De acordo com Schiavinatto (1992, p. 109), o projeto de Berr consistia em "introduzir e consolidar a história no rol das ciências, formulando, para isto, uma teoria da história calcada na síntese". Esse projeto trazia uma compreensão da história como "uma disciplina que conhece e organiza o passado, correlaciona sistematicamente passado e presente, criando aí uma analogia com a vida" (Schiavinatto, 1992, p. 105). Dentro dessa perspectiva, a noção de *síntese* superaria o risco de análises excessivamente específicas para produzir afirmações mais genéricas e verdadeiras.

A Grande Guerra interrompeu a carreira de ambos, que foram atuar nas frentes de batalha – um evento que apuraria sua crítica e reverberaria em suas práticas posteriores. Uma das principais obras de Bloch, *Os reis taumaturgos*, de 1924, também traz a influência dessa experiência, particularmente da força dos rumores e das "falsas notícias" que se espalhavam entre combatentes entrincheirados (Roberts, 2011, p. 105).

> **Saiba mais!**
>
> Além de ser uma das obras mais conhecidas do historiador francês, *Os reis taumaturgos* constitui um exemplo prático das pesquisas motivadas pelas propostas de compreensão da história apresentadas pelos Annales. A abordagem original do autor abria espaço para novas possibilidades de investigação, ao mesmo tempo que trazia novas abordagens sobre temas já conhecidos, como as monarquias do antigo regime.
>
> BLOCH, M. **Os reis taumaturgos:** o caráter sobrenatural do poder régio – França e Inglaterra. São Paulo: Companhia das Letras, 1999.

A obra problematizava a crença comum durante a Idade Média de que o toque dos reis, particularmente na França e na Inglaterra, poderia curar os doentes, em especial aqueles portadores de **escrófulas**[1]. Contraditoriamente, o estudo servia também como uma contribuição à história política francesa, ainda que de forma mais abrangente, longe do sentido comumente atribuído ao tema. Porém, o foco do estudo não estava nos monarcas, mas na crença na existência do milagre por parte da população. Ainda que o termo não fosse comum a Bloch, que preferia representações coletivas – uma provável influência da sociologia da Durkheim –, esse pode ser considerado um dos estudos pioneiros sobre aquilo que ficaria conhecido como *história das mentalidades*, uma bandeira muito mais associada ao seu companheiro **Febvre**[2] (Burke, 2010). Não raramente, tal estudo também é destacado por sua **proposta histórica comparativa** ao contrapor as duas dinastias europeias ao longo de sua análise, algo que anteciparia uma possibilidade de investigação crescente nas décadas seguintes: a **história comparada**.

*Ernesto Sobocinski Marczal*

## 🅰 Contextualizando!

Eram afecções na pele, sobretudo na região do pescoço, em sua maioria manchas, feridas e inchaços, causadas em decorrência de um processo inflamatório nas glândulas e nos nódulos linfáticos, geralmente provenientes de infecções bacterianas ligadas a formas de tuberculose.

## ❶ Atenção!

Após 1920, Febvre concentrou boa parte de seus esforços ao redor de estudos direcionados à psicologia histórica, com trabalhos voltados à temática do Renascimento e da Reforma Protestante na França. Nessa empreitada, defendeu a vertente de uma "história das mentalidades", na qual investigaria a "utensilagem mental", para usar um termo cunhado pelo próprio autor, a fim de compreender como sistemas de ideias, valores culturais e formas de pensamento se desenvolveram, em suas permanências ou transformações sofridas, nos contextos nos quais surgiram e operaram historicamente. Uma de suas obras mais lembradas sobre a temática é *O problema da incredulidade no século XVI: a religião de Rabelais* (Chartier, 2002).

O **A produção de *Os reis taumaturgos*❶** também reúne algumas das características que seriam posteriormente associadas aos Annales e, particularmente, à iniciativa de seus dois fundadores. Primeiro, a perspectiva de uma **história-problema**❶, já que a verificação da questão proposta para investigação fora definida de antemão como um fio norteador da análise. Segundo, a perspectiva de um **estudo**

**de longa duração**, de modo a localizar e delimitar um intervalo significativo para verificar a questão estruturalmente.

---

## ❶ Atenção!

A obra *Os reis taumaturgos*, contudo, não ficou livre de críticas. Uma das mais recorrentes é a impressão de que havia um consenso pleno e estabelecido, tanto em períodos em que a crença parecia estar mais forte quanto naqueles em que prevalecia a dúvida, sem considerar as possíveis diferenças entre os grupos que constituíam a população investigada. Do mesmo modo, não há uma discussão do fenômeno em termos ideológicos, levando em consideração, por exemplo, quais grupos a crença favorecia (Burke, 2010).

---

Após a guerra, os dois historiadores finalmente se encontraram. Ambos passaram a lecionar na **Faculdade de Estrasburgo**, uma universidade jovem em vias de estruturação, recém-reincorporada à França após um período de anexação ao Império Alemão. Esses fatores permitiram a criação de um ambiente intelectualmente ativo e interdisciplinar, favorável ao intercâmbio de ideias entre seus integrantes. Embora se tratasse de um espaço em evolução, Dosse (2003a) contestava a perspectiva de uma marginalidade da instituição ou de seu professorado no meio acadêmico francês. O autor salienta a importância da instituição, a qual deveria mostrar aos alemães a capacidade dos pesquisadores franceses, ficando atrás apenas das instituições de Paris. O rico espaço intelectual e o incentivo ao debate, particularmente nos encontros pluridisciplinares aos sábados, estimulavam a troca de conhecimentos e a integração dos profissionais.

*Ernesto Sobocinski Marczal*

Para Dosse, os fundadores dos Annales se encontravam em uma posição estratégica para a formulação da revista.

Bloch e Febvre conviveram na faculdade por treze anos, entre 1920 e 1933, quase diariamente. Nesse intervalo, partilharam as paredes de seus gabinetes e, ao mesmo tempo em que se relacionavam entre si, também acolheram às discussões o psicólogo social Charles Blondel e o sociólogo Maurice Halbwachs, notório por seu estudo sobre as estruturas sociais da memória.

Após o final da guerra, Febvre arquitetou a criação de uma revista internacional direcionada à história econômica, inspirada tanto na *Annales de Géographie* (*Anais de Geografia*, em tradução livre), de Vidal de La Blache, quanto na *Revue de synthèse historique*, de Berr. Para essa empreitada, o historiador idealizava conceder a direção da publicação a Henri Pirenne, proeminente pesquisador belga cujas indagações e oposição à história metódica não só influenciaram Febvre e Bloch diretamente como anteciparam em parte o espírito crítico dos Annales. Porém, em virtude de uma série de problemas, principalmente de ordem burocrática e financeira, o projeto não se efetivou. No decorrer da década de 1920, o pesquisador buscou dar vida à revista, algo que só aconteceu com a colaboração ativa de Bloch. A partir do intenso debate entre os autores, a proposta inicial de Febvre sofreu algumas alterações. Convencido por seus interlocutores, o projeto abraçou um viés nacional e incorporou uma vertente social. Pirenne foi novamente convidado para assumir a direção, contudo, após sua recusa, juntos, Bloch e Febvre, assumiram essa função. Tal qual abordamos anteriormente, a primeira edição da *Annales d'histoire économique et sociale* saiu a público em 1929. De acordo com Bourdé e Martin (1990, p. 121), o número inicial já expunha dois grandes objetivos:

1. Eliminar o espírito de especialidade, promovendo a pluridiscipli-
naridade e favorecendo a união das ciências humanas;
2. Passar da fase de debates teóricos (da *Revue de Synthèse historique*)
para a fase de realizações completas, nomeadamente inquéritos
coletivos do terreno da história contemporânea.

Como destacam vários autores, é notório o objetivo da publicação
de ser algo **além de uma simples revista histórica**. O projeto buscava
não só servir como veículo de **crítica à história tradicional**, mas
exercer uma **liderança nos âmbitos da história econômica e social**,
em prol de uma nova perspectiva interdisciplinar da matéria histórica.

Como destaca Dosse (2003a), o desprezo pela história política
ficou evidente nos primeiros anos da revista, entre 1929 e 1945, confi-
gurando menos de 3% do total de artigos publicados. Já a perspectiva
econômica, fomentada, inclusive, por textos que problematizavam
os desafios recentes no setor, somava mais da metade dos artigos.

Na década de 1930, os fundadores da revista deixaram Estrasburgo
e passaram a colaborar a distância na edição da publicação. Febvre
deixou a universidade em 1933 para assumir uma cátedra no pres-
tigioso Collége de France. Já Bloch saiu em 1936 rumo à Sorbonne,
para assumir a cátedra de História Econômica na cadeira de Henri
Hauser. Tal qual salientam Bourdé e Martin (1990), a publicação,
então, se deslocou para Paris. Ao considerar a importância da capital para a produção acadêmica francesa, a chegada dos historiadores
a duas instituições acadêmicas centrais e renomadas demonstrava
sua ascensão no meio acadêmico nacional, chamando ainda mais
atenção para o movimento dos Annales.

O final dos anos 1930 também acompanhou o crescimento do
interesse de Bloch pelo econômico e de Febvre pelas mentalidades.
A revista investiu sobretudo no primeiro aspecto, com a incorporação

*Ernesto Sobocinski Marczal*

crescente de trabalhos com aportes estatísticos, como levantamentos de preços. Verificavam-se os primeiros passos daquilo que ficaria conhecido como *história serial* ou *quantitativa*.

Nesse mesmo período, Febvre intensificou os ataques aos defensores da escola metódica, altamente especializada e empirista. Paralelamente, manteve a defesa em prol de um novo tipo de história, sob os postulados característicos dos Annales.

Em 1939, após algumas divergências editoriais e entre seus principais diretores – um mais focado no econômico e outro no social e no ataque crítico à historiografia tradicional –, a revista passou a se chamar *Annales d'Histoire sociale* (Bentivoglio; Lopes, 2013).

O advento da Segunda Guerra Mundial levou Bloch, com 56 anos, a lutar novamente no *front*. Com a rápida derrota francesa e a instituição do governo autoritário e colaboracionista aos alemães em Vichy, o historiador passou a ser um alvo em potencial por sua ascendência judaica. Após diversas mudanças de cidade e tentativas frustradas de partir para o exílio junto com sua família, o historiador acabou por integrar a resistência. Nesse período tenebroso, mesmo em meio à guerra e ao espectro ameaçador do nazismo, não deixou de produzir.

O célebre ensaio *Apologia da história ou O ofício de historiador* foi elaborado justamente durante essa época. Além de trazer um extraordinário exercício de reflexão historiográfica, a obra representou uma contribuição final a respeito das concepções de história que Bloch elaborou ao longo de sua vida e é, até hoje, uma introdução imprescindível a novos historiadores. No decorrer do texto, é possível sentir o peso das experiências vividas – particularmente da pesada conjuntura da época – pelos olhos do autor. Cerceado em sua terra natal, o estudioso se viu forçado a dar continuidade a seus estudos sem o aporte de arquivos, livros ou anotações, valendo-se apenas de suas memórias e dos próprios pensamentos maturados ao longo de todo seu caminho acadêmico. Tais dificuldades são escancaradas em uma das notas deixadas pelo autor ainda na introdução:

*Talvez não seja inútil acrescentar ainda uma palavra de desculpas; as circunstâncias de minha vida atual, a impossibilidade em que me encontro de ter acesso a uma grande biblioteca, a perda de meus próprios livros fazem com que deva me fiar bastante em minhas notas e em minha memória. As leituras complementares, as verificações exigidas pelas próprias leis do ofício cujas práticas me proponho descrever permanecem para mim frequentemente inacessíveis. Será que um dia poderei preencher essas lacunas? Nunca inteiramente, receio. Só posso, sobre isso, solicitar a indulgência, diria "assumir a culpa" se isso não fosse assumir, mais do que seria legítimo, as culpas do destino.* (Bloch, 2001, p. 50)

A passagem ganha significância ainda maior quando nos deparamos com o encerramento abrupto da obra. Além de impedir a finalização do trabalho, deixando inconclusas as reflexões propostas por Bloch, o corte repentino do estudo figura como uma espécie de vestígio da própria trajetória do autor no cenário histórico particular em que se encontrava. Após lutar junto à resistência, o historiador foi capturado pela Gestapo, torturado e morto entre março e junho de 1944. O silêncio subsequente testemunha a história vivida e sua ação indelével sobre o desenvolvimento do pensamento historiográfico do pesquisador – elementos que não podem ser desconsiderados na análise das diferentes visões e concepções elaboradas sobre a disciplina histórica.

As condições do confronto acabaram por afastar, por diversos motivos, os fundadores dos Annales. Temeroso de que a revista fosse fechada pelos nazistas, Bloch pediu ao colega a interrupção da publicação. Febvre, entretanto, decidiu continuar com as edições. Após algum tempo, retirou o nome de Bloch do corpo editorial e assumiu

*Ernesto Sobocinski Marczal*

a direção sozinho. Como uma forma de burlar a perseguição, mudou o título da revista para *Mélanges d'histoire sociale*, que se manteve apenas até 1944.

Após a guerra, Febvre deu continuidade ao projeto da revista, batalhando pela memória de Bloch e pela sua própria, de certa forma, como expoentes de uma transformação na historiografia francesa. O célebre pesquisador, contudo, não prosseguiria solitariamente, já que tinha uma geração inteira de historiadores ao seu lado, educados também na leitura dos Annales – como já havia salientado o próprio Febvre ao final da década de 1930, à época dos dez anos da revista, "um núcleo fiel de jovens, que adotavam o que chamavam de 'o espírito dos Annales'" (Febvre, citado por Burke, 2010, p. 42).

### 1.3.2 A EXPANSÃO DOS ANNALES NA HISTORIOGRAFIA FRANCESA: DE FEBVRE A BRAUDEL

Após a Segunda Guerra, Febvre atingiu um novo patamar na hierarquia acadêmica francesa. Foi convidado a ajudar na reorganização da École Pratique des Hautes Études, uma das instituições de maior apreço dentro do sistema de ensino superior francês. Também acumulou outros cargos prestigiosos, como o de delegado francês na Organização das Nações Unidas para a Educação, a Ciência e a Cultura (Unesco) em uma comissão voltada ao debate e ao incentivo à pesquisa nas ciências sociais. O acúmulo de cargos e atividades acabou por prejudicar o ritmo de sua produção. Muitos de seus últimos projetos acabaram inconclusos ou foram finalizados por outros pesquisadores (Burke, 2010). Entretanto, de acordo com Burke (2010), a maior conquista institucional do autor no pós-guerra foi sua nomeação para a presidência da VI Seção da École Pratique de Hautes Études, setor voltado exclusivamente às ciências sociais, em 1947. O posto não só alçava a história institucionalmente à frente das demais ciências sociais – em particular, da sociologia – como também alavancava os Annales no interior da disciplina histórica no país. Desse modo, Febvre organizou uma nova equipe composta por colegas e discípulos (Dosse, 2003b), como Charles Morazé, Georges Friedmann, Paul Leuilliot, além do emblemático **Fernand Braudel**, herdeiro do poder institucional dos Annales e responsável pela direção da ala histórica no interior da VI Seção.

O contexto do **pós-guerra** apresentava um novo desafio, tanto aos Annales quanto às ciências sociais fundamentadas no mundo ocidental europeu como um todo. O processo de reconstrução da Europa, definitivamente destronada de sua posição hegemônica mundial, dependia das contribuições advindas de **Nova York, Washington ou Moscou**⑩. O espectro de um **mundo bipolar** entre as áreas de influência dos Estados Unidos ou da União Soviética, mas com uma **economia cada vez mais internacionalizada**, refletia também na percepção de uma nova dinâmica nos estudos sobre a sociedade humana, perante o desafio de compreender tanto os eventos recentes quanto a falência dos modelos de progresso e nação previamente delineados.

Em outro extremo, as décadas seguintes – os chamados *Trinta Gloriosos* – apresentaram o desafio de uma veloz e formidável **inovação tecnológica**, aliada a **transformações sociais e econômicas** que bateram à porta da Europa e das duas grandes potências da época, além de atingirem indiscriminadamente o Terceiro Mundo. Não só a economia passou a romper fronteiras e se diversificar de maneira nunca antes vista, como os mecanismos de comunicação e informação entre os indivíduos de diferentes continentes passaram a exigir que os discursos sobre o aspecto humano se adaptassem para dar conta das novas percepções de tempo e de espaço, cada vez mais porosas.

*Ernesto Sobocinski Marczal*

O reflexo mais evidente foi a expansão de interpretações históricas que rejeitavam uma história puramente nacional e também uma maior aproximação com outras disciplinas, uma ação que os Annales já defendiam desde o princípio.

## ⑩ Contextualizando

No pós-guerra, houve um deslocamento da balança de poder na geopolítica mundial, já que os centros decisórios se deslocaram da Europa para os Estados Unidos e URSS, como as duas superpotências hegemônicas. Nesse contexto, a reconstrução do Velho Continente passou a depender do auxílio do governo americano, de um lado, ou do alinhamento com o bloco socialista, de outro. Daí a referência às cidades de Nova York, Washington (respectivamente, os núcleos econômico e político dos Estados Unidos) e Moscou (capital da URSS).

Diante dos desafios que se impunham, a revista se modificou e, partir de 1946, assumiu um novo nome: *Annales: économies, societés, civilisations*. Nas palavras de Dosse (2003b, p. 151), a supressão do termo *história* evocava justamente o "anseio de avançar no projeto de reaproximação com as ciências sociais". Ou, como destacou Febvre ao justificar as mudanças da revista frente às aspirações disciplinárias contemporâneas, "os Annales modificam-se porque à sua volta tudo se modifica: os homens, as coisas, numa palavra o mundo" (Febvre, citado por Dosse, 2003b, p. 151).

Nesse momento, a personalidade de Braudel emergiu como um ponto de inflexão dominante. O autor assumiu a direção dos Annales e sucedeu Febvre no comando da VI Seção, em 1956, após o falecimento do historiador. A relação próxima com o mestre era relatada, inclusive, como a de um pai diante do filho (Burke, 2010). No período que se manteve à frente do movimento, Braudel assumiu uma **postura institucionalmente dominante**, tanto à frente da revista quanto da École Pratique de Hautes Études, onde contribuiu para a manutenção da história como um membro dominante em relação às demais ciências sociais – o que não significava um fechamento ao diálogo intelectual nas produções. Um indício importante do processo de expansão empreendido sob a sua gestão foi a **ampliação do conteúdo da publicação**, que praticamente dobrou durante a década de 1960.

Braudel, contudo, como ele mesmo afirmava, não era um "homem de revista". Ao contrário de seu antecessor, que concentrou esforços em colaborar textualmente com o periódico, a produção do novo diretor foi muito mais intensa e notável fora das páginas da *Annales*, ainda que uma de suas contribuições mais sintomáticas à publicação, o artigo "História e ciências sociais: a longa duração", lançado na edição n. 4, de outubro de 1958, seja um dos textos mais emblemáticos sobre a discussão da percepção de diferentes níveis temporais – uma contribuição relacionada ao movimento dos Annales, mas associada principalmente ao próprio Braudel.

Entre sua vasta e volumosa produção, sua tese doutoral merece destaque singular. *O Mediterrâneo e o mundo mediterrânico na época de Felipe II*[⊞], defendida em 1947 e publicada em 1949, apresenta uma obra historiográfica singular, tanto pela extensão monumental do trabalho quanto pela proposta inovadora e ambiciosa de investigação que apresenta. O trabalho, uma das obras-primas associadas aos Annales, propunha um vasto exame da Europa mediterrânica, particularmente a Espanha do referido monarca, tendo justamente no mar que permeia o continente o centro de sua análise, elevando-o à condição de um sujeito histórico (Dosse, 2003a). Febvre, ao comentar o estudo, observou que o livro trazia já em seu título "duas personagens de grandeza desigual, e não é o segundo que sobrepuja o primeiro, o que já é uma grande novidade" (Febvre, citado por Le Goff, 2001, p. 36).

## 🔟 Contextualizando!

Um trabalho tão extenso como a tese de Braudel não foi desenvolvido de uma hora para outra. Embora tenha sido apresentado em 1949, já sob os olhos de Febvre, a maior parte do estudo foi desenvolvida durante a década de 1930. Nesse período, Braudel não esteve somente ocupado com a coleta e a catalogação dos documentos necessários à realização de seu projeto, mas também lecionou em diferentes lugares, como a Argélia e o Brasil. Ainda jovem, entre 1935 e 1937, foi convidado a lecionar no curso de Geografia e História da nascente Faculdade de Filosofia, Ciências e Letras da Universidade de São Paulo. Em sua passagem pelo Brasil, teve contatos com diversos estudiosos, como Sérgio Buarque de Holanda, Gilberto Freyre e Caio Prado Júnior. Mesmo já tendo desenvolvido a maior parte de sua tese antes da Segunda Guerra Mundial, é interessante destacar que Braudel redigiu uma parcela significativa de seu trabalho em cadernos escolares enquanto esteve preso na Alemanha durante quase todo o confronto.

A referência ao mar indicava a percepção de que **o espaço no qual se desenvolve a ação humana também tem a sua história e influi ativamente sobre ela** – em alguns sentidos até mesmo a determinando, acelerando ou freando, apesar de inserida em uma dinâmica temporal particular, de permanências mais extensas e transformações muito mais vagarosas. Para Burke (2010, p. 54), "o objetivo é demonstrar que todas as características geográficas têm a sua história, ou melhor, são parte da história, e que tanto a história dos acontecimentos quanto a história das tendências gerais não podem ser compreendidas sem elas".

O estudo foi dividido em três partes. Na primeira, o autor focava nos aspectos geográficos, levando as comuns introduções geográficas de Febvre ao extremo. Nesse volume, o foco estava em uma espécie de "geo-história", como preferia denominar o autor, compreendida em um tempo de duração mais longa, "quase imóvel", em que buscou analisar a relação do homem com o meio no qual está obrigatoriamente inserido, em especial a força exercida por este último sobre ele.

Na segunda, tomam lugar as configurações contextuais da sociedade. O autor volta-se, portanto, para uma análise das estruturas, cujas mudanças ocorrem de forma muito mais veloz que as mudanças geográficas, mas, muitas vezes, são pouco perceptíveis aos indivíduos de uma mesma geração diante da rapidez dos acontecimentos. Depois, enfoca nos sistemas econômicos, nas sociedades, nos Estados, nas instituições e até nas civilizações. De modo mais preciso, o autor se volta para os aspectos predominantes no século XVI, intervalo que compreende o reinado de Felipe II.

Já a parte final é a que mais se assemelha à perspectiva de uma investigação política, pois o autor se volta para a investigação dos fatos, os eventos que permearam o reinado do monarca e a ação de alguns dos principais atores históricos do período. Entretanto, sua abordagem se distancia da abordagem tradicional predominante na historiografia francesa no final do século XIX e nas primeiras décadas do século XX. Embora se atenha aos personagens e aos eventos, o texto não segue o roteiro de uma narração linear dos personagens,

*Ernesto Sobocinski Marczal*

de suas façanhas, fracassos ou da grandeza de sua personalidade e de suas realizações. Ao invés disso, foca na sua relação com os fatores previamente expostos nos capítulos anteriores de sua obra. Como os indivíduos não são inteligíveis por si, suas ações seriam apenas a "espuma das ondas" e, para compreendê-las, é necessário adentrar em águas mais profundas (Burke, 2010, p. 52).

O trabalho não foi isento de críticas, mas mesmo seus detratores não negavam os méritos da obra de Braudel. Uma de suas principais contribuições foi evidenciar que mesmo as estruturas, em diferentes níveis, têm uma história e estão sujeitas à ação do tempo, uma dimensão fundamental que, até então, era recorrentemente ignorada (Dosse, 2003b). Além das explicações que construiu sobre os fenômenos estudados, os "porquês" de sua investigação histórica, a análise temporal que o pesquisador desenvolveu acabou por permanecer como o grande legado de seu trabalho aos historiadores. Para Burke (2010, p. 60),

*O ponto principal a realçar é que Braudel contribuiu mais do que qualquer outro historiador deste século para transformar nossas noções de tempo e espaço.*

*Como poucos livros anteriores, se é que algum o fez, O Mediterrâneo torna seus leitores conscientes da importância do espaço na história. Braudel consegue isso fazendo do mar o herói de seu épico.*

A obra de Braudel, assim como a posição de poder institucional privilegiado na qual se encontrava, fez sua produção servir de referência e inspiração a toda uma geração de historiadores. De certo modo, o esforço de Braudel nesse estudo foi um dos mais próximos ao anseio de uma história global proposta pelo movimento. Não é ao acaso que muitos dos estudiosos interessados nos Annales convergem suas opiniões ao assinalar, na gestão de Braudel, o momento mais próximo da organização de uma **escola histórica**. Diversos estudos, monografia e teses passaram a seguir o modelo braudeliano, ainda que com pretensões mais modestas e muito menos volumosas.

### 1.3.3 OUTRAS REFERÊNCIAS DA SEGUNDA GERAÇÃO DOS ANNALES

Apesar de sua suma importância, Braudel não foi a única referência dessa geração de pesquisadores na França. Outros autores e outras propostas de história marcaram o período. Uma das influências mais notáveis foi a de um historiador que gravitava ao redor dos Annales, mas cujas posições e leituras históricas, mais próximas a vertentes marxistas, não permitiam enquadrá-lo plenamente no interior do grupo. Trata-se de **Ernest Labrousse**, professor da Sorbonne, cujo foco de interesse era a célebre Revolução Francesa, um evento nacional e político por excelência. Embora suas predileções acadêmicas escapassem um pouco do espectro comum do movimento, sua presença pode ser sentida tanto por meio de sua produção quanto por sua ação acadêmica institucional como orientador de um grande número de monografias e teses de jovens universitários.

Inspirado na abordagem de François Simiand, Labrousse desenvolveu uma série de estudos voltados aos aspectos econômicos que permearam o século XVIII e acompanharam a Revolução Francesa. Como destaca Dosse (2003b, p. 73), o autor não perdia o "aspecto político como horizonte de sua abordagem econômica" e privilegiava "o estudo dos antagonismos de classe". Seus trabalhos, com produções importantes levadas a público nas décadas de 1930 e 1940, foram particularmente importantes na introdução de **uma história atenta aos vestígios econômicos e estatísticos.**

*Ernesto Sobocinski Marczal*

A influência de Braudel e Labrousse se tornou bastante evidente nos estudos produzidos entre as décadas de 1950 e 1960, com a profusão de diversos trabalhos que buscavam seguir a concepção histórica dos Annales e os preceitos metodológicos empregados. O binômio **estrutura e conjuntura**❶ se espalhou nesse período e tomou conta de boa parte dos estudos históricos. O longo levantamento de fontes compostas por vastas séries de dados econômicos e estatísticos, normalmente compreendendo recortes de longa duração, acabaria conhecido geralmente como *história serial*, uma marca na historiografia francesa do período.

## ❶ Atenção!

De acordo com Burke (2010), a gigantesca tese de Pierre Chaunu, *Séville et l'Atlantique*, foi um dos grandes responsáveis para a difusão dos termos.

Outra característica desse período foi a profusão de trabalhos preocupados com questões populacionais, o que aproximou muitos historiadores da demografia. A disseminação de uma **história demográfica**, como ficou conhecida, relaciona-se também ao próprio fenômeno do aumento vertiginoso da população mundial no pós-guerra, uma problemática do presente que fazia com que os historiadores olhassem para uma nova questão no passado. Entre os estudos que incorporaram a preocupação com a demografia e a economia está a famosa tese de **Emmanuel Le Roy Ladurie**, *Les Paysans de Languedoc*, na qual o autor abordava a região francesa em questão. Embora se utilize fartamente de dados quantitativos referentes à economia e à população, a partir dos quais relaciona a produção agrícola a um modelo de análise neomalthusiano, o traba-lho apresenta diferenças significativas em relação ao padrão corrente derivado do trabalho monumental de Braudel – de quem fora aluno. Ladurie organizou seu estudo de uma maneira distinta ao optar por uma **divisão cronológica** em vez do par *estrutura e conjuntura*, sem, contudo, desconsiderá-lo durante a análise. Ao longo do texto, o autor focou também em aspectos culturais importantes, sobretudo no que tange aos grupos subalternos, como os camponeses, dire-cionando seu olhar para o homem comum diante do impacto das situações que se impunham sobre ele (Burke, 2010). Até certo ponto, o trabalho de Ladurie já antecipava as mudanças que dominaram o grupo nos anos seguintes.

Ao final da década de 1960, o movimento passou por uma reno-vação, em parte significativamente motivada pelas transformações sociais e culturais que abalaram o universo acadêmico francês em 1968. Braudel convocou uma série de jovens historiadores já formados no rastro dos Annales para dirigir a revista. Ele próprio se aposen-tou em 1972, mas se manteve ativo e muito influente na produção historiográfica até a sua morte, em 1985. Passaram a integrar as filas da publicação autores como Jacques Le Goff, Marc Ferro e o próprio Emmanuel Le Roy Ladurie. As mudanças já preconizavam a passagem geracional e a implantação de novos debates historiográficos que se propagariam pelas próximas décadas sob o sintomático, e um tanto indefinido, título de *nouvelle histoire* – a nova história.

### 1.3.4 ANNALES: UMA HISTÓRIA EM MIGALHAS?

Diferentemente dos momentos anteriores, a terceira geração dos Annales não apresentou uma figura centralizadora, como as de Bloch e Febvre, em sua fundação, ou a de Braudel, nas décadas posteriores

*Ernesto Sobocinski Marczal*

à Segunda Guerra. Institucionalmente, **Jacques Le Goff** assumiu a direção de uma École Pratique des Hautes Études renovada, já sem a célebre VI Seção. Porém, a profusão de novas perspectivas historiográficas – não só na França, – conferiram um caráter multifacetado à produção local. Burke (2010, p. 91), em sua análise sobre os Annales, originalmente lançada em 1990, não hesitou em afirmar: "Há mais do que um centro de inovação – ou centro nenhum".

No começo dos anos 1970, duas produções coletivas buscavam dar a tônica daquilo que seus integrantes denominavam como a **nova história**. A primeira, lançada na França em 1974, tratava-se de uma coleção organizada em três volumes chamada *Faire de l'histoire*. Organizada por Le Goff e Pierre Nora, cada parte estava organizada ao redor de um eixo temático – novos problemas, novas abordagens e novos objetos – e trazia uma série de artigos escritos por diferentes historiadores, muitos dos quais se tornariam grandes expoentes da produção historiográfica francesa no último quarto do século XX: Jacques Revel, Pierre Vilar, Georges Duby, Paul Veyne, François Furet, Michel de Certeau, Marc Ferro, Roger Chartier, entre outros. O prefácio, assinado por Le Goff e Nora, reconhecia sua tributação aos Annales, mas rejeitava o rótulo restrito de um agrupamento fechado e uniforme.

*Não a história de uma equipe ou uma escola. Se nos autores ou no espírito da obra frequentemente for encontrada a marca da pretensa Escola dos Annales, isso se deve ao fato de a nova história ser bastante devedora a Marc Bloch, a Lucien Febvre, a Fernand Braudel a todos os que continuam a inovação por eles iniciada. Mas não há aqui qualquer ortodoxia, mesmo aquela mais aberta. (Le Goff; Nora, 1976a, p. 11)*

> **Saiba mais!**
>
> No Brasil, a coletânea foi lançada em 1976 com os seguintes títulos: *História: novas abordagens; História: novos problemas;* e *História: novos objetos.*

Pautado em diversas perspectivas sobre as ciências sociais e um profundo questionamento sobre o próprio fazer historiográfico (assunto que abordaremos com mais detalhes no Capítulo 3), o trabalho busca apresentar a disciplina como um **campo em expansão**, com limites ainda esparsos e pouco definidos. Como deliberaram os autores (Le Goff; Nora, 1976a, p. 12-13), a iniciativa partiu de uma tomada de consciência dos historiadores quanto ao "relativismo de sua ciência", cuja oscilação entre o vivido, o sofrido – a história como o próprio desenrolar do passado – e o construído – ou seja, a história como uma forma de conhecimento cientificamente orientada – os obriga a pensar novamente sobre os alicerces epistemológicos desse saber. Nesse sentido, a proposta da obra é colocar em discussão novas possibilidades em torno das problemáticas de pesquisa, dos métodos e mecanismos de investigação e de instrumentos para analisar temas até então ignorados, deixados de lado ou marginalizados.

A segunda produção, *La nouvelle histoire* – ou *A nova história* –, de 1978, também organizada por Le Goff, dessa vez em parceria com Roger Chartier e Jacques Revel, já delineava de forma mais completa algumas das vertentes de investigação que sustentavam a nova perspectiva de história. Assim como a anterior, também se tratava de uma produção coletiva, que reuniu vários textos de diferentes autores. Além da revisão dos preceitos que sustentavam a percepção ampla de história defendida – a exemplo da reavaliação do conceito de *fonte* –,

*Ernesto Sobocinski Marczal*

ao apurar também as condições e os interesses em torno de sua produção, ou mesmo ao pleitear um olhar mais apurado para os silêncios e lacunas da história, já apresentava alguns dos novos horizontes que se mostravam ao historiador. Entre estes, podemos destacar a **maior ênfase na questão cultural**, com uma aproximação evidente com a antropologia, especialmente em sua dimensão simbólica, em uma busca também de resgatar o aspecto humano para além dos modelos opressores das estruturas. Nesse sentido, também houve uma atenção renovada às mentalidades e à busca das questões ligadas ao imaginário, ou seja, à maneira como os sujeitos em diferentes épocas e temporalidades articulavam sua relação com o real, visualizavam o mundo e compreendiam sua cultura, suas crenças, suas formas de pensar, de se comportar e agir. Do mesmo modo, também abria espaço para a análise das experiências individuais e coletivas e das diversas formas como os sujeitos as representavam.

Em seu estudo sobre o movimento dos Annales, Burke (2010, p. 91), emprestando uma expressão originalmente empregada por Ladurie, sintetizou esse deslocamento das bases econômicas para o topo superestrutural da cultura – característico de muitos historiadores da terceira geração – por meio da metáfora "do porão ao sótão". Essa guinada de direção revelaria uma série de desafios à historiografia. Se durante os anos de Braudel houve a clara impressão de constituir uma escola, tanto do ponto de vista programático quanto do institucional, no instante subsequente parece ter acontecido uma fragmentação e uma indefinição do conceito de *história* e de seu campo de atuação.

Também se abriu espaço para a reaproximação de alguns elementos cujo combate marcou a formação e a solidificação do movimento dos Annales. Um de seus alvos recorrentes, a história política, voltou à pauta dos historiadores[1]. Não sob o modelo tradicional contra o qual o movimento havia hasteado suas bandeiras, mas sob perspectivas novas, como um aspecto fluido que permeia as sociedades humanas em diversos aspectos, sobretudo no que tange às relações de poder. Essa retomada é fruto tanto das experiências traumáticas do pós-guerra quanto das reflexões de diversos pensadores, filósofos, antropólogos, sociólogos e psicanalistas.

## ❶ Atenção!

É importante lembrarmos que uma das principais críticas aos Annales recai justamente sobre a ausência de uma análise política mais sólida e comprometida, principalmente diante do contexto dos movimentos autoritários – nazismo, fascismo e stalinismo – que permearam o intervalo entre guerras e foram decisivos na eclosão de um novo confronto de proporções mundiais.

Outros elementos revisitados, que também se relacionam com a abordagem política, foram a **atenção aos eventos** e a **construção da escrita histórica como forma narrativa.** Contudo, o retorno a esses aspectos se afasta da percepção de uma compilação linear de datas, fatos e personagens. Em vez disso, propõe um olhar sobre os eventos como momentos de ruptura, de transformação, ou mesmo como um espaço de análise de situações que não são descoladas de configurações sociais, econômicas e culturais mais amplas e profundas.

Paralelamente, a atenção aos acontecimentos se associa a um olhar mais cuidadoso dos historiadores com os **eventos localizados em uma temporalidade mais próxima** – ou mesmo contemporânea. De acordo com Nora (1976), tal preocupação é potencializada também pela velocidade de sua propagação através dos veículos de mídia,

*Ernesto Sobocinski Marczal*

que tornam esses acontecimentos mais rapidamente conhecidos e impactantes. Não é por acaso que muitos dos eventos noticiados já adquirem a prerrogativa de "históricos" em sua eclosão, ainda durante o calor momentâneo de seu desenrolar. Não há mais uma pausa, um intervalo temporal para que o evento entre em hibernação para depois emergir do passado como um ponto de destaque significativo, cujos efeitos podem ser perceptíveis na sequência e outorgar a eles uma dimensão histórica peculiar.

Antes domínio exclusivo de jornalistas, politólogos e sociólogos, o presente passa a ser também um lugar de preocupação dos historiadores, impondo-lhes uma série de desafios para abordá-lo. Talvez o mais notável seja a falta de um intervalo temporal que separe o historiador de seu objeto e lhe garanta um distanciamento da elaboração da análise. Diante das percepções tradicionais da história como um estudo voltado eminentemente ao passado, normalmente depois de um longo período de tempo, superar essas questões consistia – e ainda consiste – em um obstáculo aos historiadores.

Entre os pensadores que encabeçaram as reflexões dessa geração, podemos destacar o memorável **Michel Foucault**. Suas reflexões sobre a constituição dos saberes, das práticas discursivas e das construções epistemológicas como mecanismos de poder certamente afetaram os historiadores. Muitos dos problemas disciplinares que se impunham à história na passagem dos anos 1960 e 1970 foram abordados pelo filósofo na introdução da obra *A arqueologia do saber*, publicada originalmente em 1969. Nesse livro, o autor enaltece muitas das transformações na disciplina histórica que foram propostas pelos Annales em oposição à historiografia tradicional e positivista. Contudo, também pleiteia uma série de provocações ao pensamento histórico, defendendo uma **análise fragmentada, múltipla e descontínua**. Por ser contra uma história totalizante e centralizadora,

Foucault enfatizava a multiplicidade de histórias simultâneas – uma perspectiva histórica da qual emergiram sujeitos diversos, diferentes e descentrados.

A dificuldade em traçar um perfil dos Annales após a década de 1970 implicou em uma série de questionamentos referentes não apenas ao movimento, mas à proposta de história que ele delimitava. Ciro Cardoso (1997), por exemplo, não observava, na nova história, uma continuidade do trabalho pioneiro de Bloch e Febvre. Já François Dosse (2003b) teceu críticas contundentes aos rumos da historiografia francesa ao sinalizar que a indefinição do fazer historiográfico e a fragmentação dos estudos, temas e objetos de pesquisas, bem como a própria preocupação dos Annales em conservar as instâncias de **poder institucional**❶ adquiridas e adaptar-se às **mudanças**, levaram a um esfacelamento da história, dissolvida em migalhas.

## ❶ Atenção!

Um dos aspectos levantados por Dosse (2003b) é a aproximação da história com os veículos de mídia, particularmente as redes de televisão. Essa vinculação teria afetado as produções e popularizado o interesse por um determinado tipo de história. Um novo espaço de poder no qual parte dos historiadores dessa geração dos Annales se estabeleceu.

No final da década de 1980, o núcleo dirigente da revista se propôs a **repensar os rumos da historiografia**, principalmente nos termos de uma virada crítica. Na década seguinte, a publicação adquiriu um novo título, *Annales: histoire, sciences sociales*, e retomou a proposta de **debate interdisciplinar** como forma essencial de pensar o saber

*Ernesto Sobocinski Marczal*

histórico. Por mais que a revista ainda se mantenha como um espaço importante e prestigiado de produção historiográfica, o movimento articulado ao redor dos Annales perdeu uma parcela significativa de sua unidade inicial. Além disso, outros debates e questões, que se projetavam para adiante do espaço acadêmico francês, ganharam nova projeção e relevância.

Embora tenhamos constatado certo esgotamento do movimento iniciado por Bloch e Febvre na década de 1930, não podemos negar a influência de suas ideias – não sem um bom número de rupturas e continuidades – na produção histórica na França e fora dela – inclusive no Brasil. É o caso, por exemplo, da ampliação do conceito de *fonte*; da revisão da relação do historiador com o passado, suas concepções estáticas de tempo e o processo de produção do saber historiográfico; da preocupação com o desenvolvimento de uma investigação orientada por problemas; da ambição da construção de uma história total e multifacetada, com novas possibilidades e objetos; e do intercâmbio com outras áreas do conhecimento.

## Síntese

No decorrer deste capítulo, analisamos a organização da história como uma área própria do saber, devidamente organizada e sistematizada. Para isso, voltamos nosso olhar para o século XIX, quando a história se estabeleceu como curso universitário e objeto de trabalho de profissionais especializados – os historiadores – e definiu critérios de verdade e cientificidade próximos daqueles postulados pelas ciências naturais. Nesse processo, verificamos o destaque provocado pelo historicismo alemão, com uma ênfase particular ao trabalho de Ranke. Também verificamos a aproximação dessa abordagem com o positivismo, a primazia do olhar dos historiadores sobre o factual e político, além da concepção restrita das fontes, eminentemente escritas e de caráter oficial.

Depois disso, direcionamos nosso foco para a Escola dos Annales e alguns de seus principais representantes. Observamos como o movimento iniciado por Marc Bloch e Lucien Febvre, a partir da revista publicada em 1929, trouxe uma série de questionamentos à historiografia tradicional, defendendo uma nova dinâmica na abordagem do passado e reavaliando a relação do historiador com o tempo – não mais estático e linear –, com as fontes e os procedimentos de pesquisa histórica. Nas décadas seguintes, vimos a expansão de suas ideias e a consolidação de uma nova forma de fazer história que se tornou dominante na França e logo virou um ponto de referência para as pesquisas e a produção historiográfica nos mais diversos espaços.

## Atividades de autoavaliação

1. Sobre o processo de consolidação e organização da história durante o século XIX, assinale V para as alternativas verdadeiras e F para as falsas. Como exercício complementar, justifique por que as alternativas assinaladas como falsas estão incorretas.

   ( ) O processo de organização da história como disciplina acadêmica passou pela sua afirmação como um novo campo do saber, afastando-a de formas precedentes – particularmente daquela atribuída aos antiquários – e consolidando seu espaço de atuação na condição de lugar de trabalho do historiador como profissional, isto é, dotado de uma formação específica e distintiva.

*Ernesto Sobocinski Marczal*

( ) A história verificou desenvolvimentos paralelos em diferentes países, sobretudo na Europa. Apesar dessa organização simultânea, os modelos de investigação histórica adotados em cada lugar foram muito distintos, de forma que não conseguimos localizar uma circulação de trabalhos e leituras comuns entre os historiadores desse período ou identificar aspectos comuns nas perspectivas de história apresentadas em cada lugar.

( ) Embora seja considerado um dos principais expoentes da historiografia alemã do século XIX, o prussiano Leopold von Ranke não conseguiu consolidar seu projeto de investigação histórica no país. Suas propostas sobre os procedimentos de investigação e ensino da história no meio universitário foram pouco impactantes e só ganharam relevância no século seguinte, quando sua produção foi resgatada do esquecimento por uma nova geração de historiadores.

( ) O positivismo delineado por Comte teve pouca influência sobre a história, especialmente na França, onde a disciplina experimentou uma estrutura mais ampla, focada na capacidade crítica e imaginativa do historiador na análise dos vestígios do passado. O grande exemplo dessa visão historiográfica mais abrangente no país é a obra de Langlois e Seignobos, *Introdução aos estudos históricos*, editada em 1897.

( ) Nesse período, a história se voltou para os grandes personagens e eventos. As pessoas comuns e as expressões culturais e sociais populares foram amplamente marginalizadas ou mesmo ignoradas na maioria dos trabalhos organizados durante o século XIX.

2. Analise as afirmativas a seguir sobre a historiografia no século XIX:

   i) Um dos traços marcantes da historiografia do período foi a reivindicação de um caráter científico, em que o rigor metodológico na investigação e na apuração dos vestígios deveria avalizar o trabalho do historiador na reconstituição fidedigna do passado.

   ii) Ao historiador cabia o papel de expressar o passado contido nos documentos. O trabalho dos pesquisadores não era confrontar criticamente as informações, mas reproduzi-las como o retrato fiel dos eventos do passado. Desse modo, a história não era construída pelo historiador, mas revelada pelos documentos aos quais tinha acesso.

   iii) O modelo de história que se firmou no decorrer do século XIX definiu a política como linha condutora das sociedades e área de interesse central dos historiadores. O principal foco se localizava na recomposição da trajetória dos modernos Estados-nações europeus, tidos como grandes parâmetros de civilização e desenvolvimento.

   São corretas as afirmações contidas nos itens:

   a) i e ii.
   b) i e iii.
   c) ii e iii.
   d) i, ii e iii.

3. Sobre a chamada *Escola dos Annales* e a composição da historiografia francesa durante o século XX, assinale a afirmativa **incorreta**:

a) A Escola dos Annales está intimamente relacionada à criação da revista *Annales d'histoire économique et sociale*, organizada por Lucien Febvre e Marc Bloch em 1929.

b) Apesar do início um tanto marginal, os historiadores ligados aos Annales acabaram por assumir uma posição dominante na produção historiográfica francesa na segunda metade do século XX, sobretudo a partir da liderança de Fernand Braudel.

c) Os Annales também ressaltaram a necessidade de ampliar o escopo de materiais pertinentes à análise do historiador, com a expansão do conceito de fontes para outros vestígios além da documentação escrita de caráter oficial.

d) Mesmo com a proposta de ampliação do campo historiográfico, os trabalhos vinculados aos Annales mantiveram suas análises centradas em acontecimentos e grandes personagens particulares em detrimento de abordagens voltadas ao coletivo e às estruturas sociais.

4. Diversos historiadores, a exemplo do britânico Peter Burke (2010), analisaram os Annales e identificaram ao menos três gerações distintas de historiadores ligados ao grupo e que trouxeram suas próprias contribuições à produção. Relacione adequadamente cada uma das gerações com os itens que melhor sintetizam alguns de seus principais aspectos.

i) 1ª geração

ii) 2ª geração

iii) 3ª geração

( ) Reorganização da percepção plural do tempo em dimensões mais palpáveis, a partir da organização do tempo histórico em dimensões paralelas de curta, média e longa duração, apresentadas de forma mais evidente por Fernand Braudel e a célebre obra *O Mediterrâneo e o mundo mediterrânico na época de Felipe II*. Intensificação do processo de institucionalização dos historiadores ligados aos Annales, proliferação de estudos elaborados a partir da análise serial.

( ) Aproximação com as investigações de ordem cultural, com um diálogo particular com a antropologia e uma retomada crítica do projeto de investigação das mentalidades delineado por Lucien Febvre. Nova ampliação do campo de investigação histórica e acirramento dos debates sobre os procedimentos de investigação e a elaboração de um conhecimento histórico totalizante, sobretudo na dificuldade de lidar com problemas e abordagens inovadoras com as quais os historiadores se viam ainda limitados.

( ) Contestação dos preceitos positivistas de história, com a defesa de uma abordagem crítica e interdisciplinar. Reavaliação do papel do historiador no processo de pesquisa histórica e interpretação das fontes, com a delimitação geral da ideia de uma "história-problema", de sua percepção enquanto ciência e da relação entre passado e presente na elaboração da pesquisa histórica.

5. Sobre a Escola dos Annales, assinale V para as alternativas verdadeiras e F para as falsas:

( ) De acordo com Dosse, a chamada *nova história*, capitaneada por Le Goff e Nora, se afastou de muitos dos preceitos originais dos Annales, como a proposta de uma história global em favor de uma abordagem fragmentada e indefinida, quase como se tivesse se esfacelado em migalhas.

( ) Para Peter Burke, a Escola dos Annales deve ser compreendida antes como um movimento do que como uma escola propriamente dita, já que as sucessivas gerações de historiadores apresentam diferenças quanto à compreensão do trabalho historiográfico e estão longe de compor um bloco monolítico de estudo.

( ) Após a Segunda Guerra Mundial, a historiografia francesa como um todo demonstrou grande resistência às produções inspiradas pelos Annales, sobretudo diante do crescimento interno do marxismo, por um lado, e de um resgate da análise positivista por outro.

( ) A nova história surgiu como um rompimento definitivo com o projeto organizado inicialmente por Bloch, Febvre e, depois, Braudel. O enfoque em uma análise cultural e heterodoxa exigia um descolamento das ideias fundadoras do movimento e uma busca por novas referências, com as quais não era possível conciliar a herança do grupo de pesquisadores aglutinado ao redor da revista lançada na década de 1920.

( ) Uma das críticas mais contundentes ao movimento capitaneado por Bloch e Febvre foi a negligência da investigação política e temporalmente mais próxima, sobretudo em um contexto tomado pelos traumas das duas guerras mundiais e da ascensão dos regimes nazifascistas.

# Atividades de aprendizagem

## Questões para reflexão

1.  Ao longo desse capítulo, contrastamos o processo de sedimentação da disciplina histórica durante o século XIX e a contestação e revitalização realizadas pelos membros da Escola dos Annales, um dos movimentos mais influentes e relevantes para a historiografia no século passado. Com base nos conteúdos analisados até o momento, elabore uma tabela comparativa entre a história tradicional e a Escola dos Annales caracterizando, em linhas gerais, os seguintes elementos de cada vertente:
    a) Concepção de tempo.
    b) Papel do historiador.
    c) Concepção de fonte.
    d) Abordagens privilegiadas.
    e) Método de investigação.
    f) Relação entre história e ciência.

2.  Em *Apologia da história ou O ofício de historiador,* uma de suas obras mais conhecidas, Marc Bloch define a disciplina histórica como a "ciência dos homens no tempo". Sem dúvida, uma das maiores contribuições do movimento iniciado por Bloch e Febvre foi problematizar a percepção de tempo dos historiadores, seja na organização da análise que fundamenta a escrita da história, seja na relação dos próprios investigadores com o presente na elaboração de seus trabalhos e questões de pesquisa. A respeito dessas questões, reflita: Como os Annales conceberam a relação dos historiadores com o tempo na prática do ofício histórico? De que formas a percepção plural de tempo pôde ser observada em suas produções?

*Ernesto Sobocinski Marczal*

## Atividade aplicada: prática

A experiência de vida e a formação multidisciplinar dos historiadores, a exemplo de Marc Bloch, foi fundamental no desenvolvimento das concepções de história desses personagens e na maneira como buscaram refletir sobre o conhecimento histórico. Como um exercício de reflexão, escolha um dos historiadores trabalhados neste capítulo (Ranke, Marc Bloch, Lucien Febvre, Fernand Braudel etc.) e construa uma breve biografia desse personagem. O texto deve enfatizar a relação entre o contexto histórico em que vivia, sua trajetória profissional, principais obras e contribuições para a historiografia.

Capítulo 2
História e marxismo:
uma abordagem preliminar

Neste capítulo, enfocaremos o **impacto das reflexões marxistas** sobre a historiografia. Em um primeiro momento, nos voltaremos para algumas das categorias fundamentais ao pensamento de Marx e Engels, como classe, luta de classes, modo de produção e materialismo, além das concepções políticas desses teóricos e as formas diversas como esses elementos influenciaram o trabalho dos historiadores. Ao longo do texto, observaremos alguns dos movimentos e projetos de investigação histórica que dialogaram de forma aberta e crítica com diferentes apreciações do marxismo. Entre estes, nos focaremos especialmente em alguns dos historiadores ligados à nova esquerda britânica, sobretudo na figura de Edward Palmer Thompson, cuja produção propôs novas leituras para o marxismo, inclusive com a abertura de apreciações inovadoras para as análises sociais e culturais. Também observaremos o desenvolvimento de perspectivas de investigação sob a ótica de uma **"história vista de baixo"** e da **microanálise**, também permeadas por perspectivas políticas e teóricas marxistas.

## (2.1)
# AS IDEIAS DE MARX E ENGELS E A HISTÓRIA

Em o *Antimanual do mau historiador*, o professor mexicano Carlos Antonio Aguirre Rojas (2007) observa que o desenvolvimento contemporâneo de uma história crítica – ou das diferentes formas de fazer história vigentes hoje, que reivindicam essa caracterização – está ligada ao **projeto sociológico** elaborado por **Karl Marx** e **Friedrich Engels** durante o século XIX. Para Rojas (2007), a percepção de história delineada por Marx não só configurava um dos primeiros – senão o primeiro – exemplos de **histórica crítica**, principalmente quando visualizada em contraponto ao modelo positivista emergente no

*Ernesto Sobocinski Marczal*

mesmo período, como também lançaria as sementes de uma **percepção crítica da disciplina histórica** que, em diferentes espaços e contextos, em graus de maior ou menor proximidade, buscou refletir temporalmente sobre as sociedades humanas. Nas palavras do autor:

> *foi Marx quem assentou os fundamentos da história crítica tal como hoje podemos concebê-la, e tal como ela foi-se [sic] desenvolvendo ao longo dos últimos 150 anos. Não há dúvida de que, depois de Marx e apoiando-se, em maior ou menor medida, no tipo de história crítica e científica que ele praticou, foram-se [sic] afirmando, ao longo de todo o século XX até hoje, diversas correntes, autores e trabalhos que, proclamando-se abertamente "marxistas", alimentaram de forma significativa o acervo dos avanços de toda a historiografia mundial.* (Rojas, 2007, p. 36)

Apesar de nossa atenção estar voltada para a disciplina histórica em particular, o fato é que, ao olharmos retrospectivamente, verificamos um impacto decisivo do pensamento marxista sobre as muitas áreas voltadas ao estudo do aspecto humano, particularmente aquelas abrigadas sob o manto comum das ciências sociais. Se, como relata Rojas, diversas formas de investigação histórica reivindicaram para si o rótulo de marxistas, ou, na contramão, se estabeleceram como um contraponto à análise marxista, ao pôr à prova o modelo de investigação histórico-sociológico proposto, o mesmo movimento pode ser observado nas mais diversas disciplinas, como a teoria literária, a sociologia, a antropologia, a linguística e a ciência política. Sob esta ótica, não é equivocado afirmar que o desdobramento das ideias de Marx foi fundamental no impulso da produção acadêmica preocupada em investigar as dimensões humanas a partir de suas relações sociais, inclusive a história.

Como atestava o próprio Marx, **a história é uma ciência em processo de elaboração permanente** (Vilar, 1976, p. 147). Assim como a disciplina histórica não dispõe de apenas um único caminho de trabalho, mas de variadas ramificações e entroncamentos, a formulação de uma perspectiva de investigação marxista não conheceu apenas um traçado. O vasto arcabouço teórico-metodológico legado pelo pensador alemão foi incorporado de diferentes formas, de acordo com os objetivos de cada perspectiva de investigação histórica. Do mesmo modo, os instrumentos e as categorias de análise construídas foram testados de diversas maneiras, em decorrência tanto das **reflexões históricas compatíveis com cada momento**[1] quanto das próprias conjunturas sobre o fazer histórico em relação às transformações vigentes na sociedade.

## ❶ Atenção!

Não podemos avaliar da mesma maneira os estudos de inspiração marxista elaborados nos dias de hoje e aqueles organizados na primeira metade do século XX, por exemplo, quando o projeto de uma revolução socialista ainda respirava a plenos pulmões. O próprio desenvolvimento de uma história marxista é resultado das transformações que permitiram a profusão das ideias de Marx e Engels, bem como a sua posterior incorporação às diversas ciências sociais.

Embora Marx não negasse a dimensão histórica de seu pensamento – muito pelo contrário, o filósofo confirmava que a extensão temporal era fundamental à compreensão dos fenômenos sociais que explorava, como a própria formação do sistema capitalista –, a incorporação de seus estudos pelos historiadores não ocorreu de forma imediata. Apesar de seu pensamento compreender uma inegável dimensão política, especialmente ao identificar nos antagonismos

*Ernesto Sobocinski Marczal*

de classe o próprio motor da história, o instrumental da análise marxista voltava-se muito mais para **elementos estruturais de ordem econômica e social**. Desse modo, a história metódica tradicional, predominante na passagem do século XIX para o XX, focada na investigação política factual e linear e voltada à descrição dos grandes indivíduos e acontecimentos, passou longe da perspectiva marxista.

No decorrer do século XX, a rápida ebulição de diversas alterações na organização social e política europeia, como o estouro da Primeira Guerra Mundial e a implantação da revolução bolchevique na Rússia – que conduziu o país ao longevo experimento comunista –, e o questionamento da escola metódica e positivista, com a abertura para a história social e econômica, possibilitaram a elaboração de uma proposta de investigação histórica orientada pelo marxismo. A partir de então, categorias analíticas elaboradas pelo estudioso alemão, como os conceitos de *classe*, *luta de classes*, *modo de produção* e *mais-valia*, passaram a incorporar o vocabulário de diversos historiadores e a instigar sua **reflexão histórica**[1].

## ❶ Atenção!

Marx não foi historiador e não tinha a pretensão de sê-lo, no entanto alguns de seus textos são recorrentemente lembrados como produções de um caráter mais histórico. Entre elas, o maior exemplo é *O 18 de brumário de Luís Bonaparte*, no qual o autor analisa, à luz da concepção sociológica que constrói e no calor dos próprios acontecimentos, os fatores que possibilitaram o golpe de estado que alçou Napoleão III à condição de imperador, dando fim à segunda experiência republicana francesa por meio da manutenção autoritária de um modelo de dominação capitalista burguês em detrimento das classes trabalhadoras.

Nesse ponto, é interessante atentarmos rapidamente para algumas reflexões que compõem o cerne do pensamento marxista e, justamente por isso, são motivos de querela permanente entre os estudiosos partidários das reflexões do filósofo alemão.

## Classe

Ainda que a ideia de *classe* seja uma constante no pensamento de Marx e Engels, os autores não forneceram uma definição precisa sobre o termo, destacando-o basicamente como um **produto da sociedade capitalista**, especialmente pelo antagonismo delineado entre a burguesia e o proletariado.

Diversos estudiosos identificaram, ao longo da obra de Marx, uma preocupação com a identificação de grupos estratificados em diferentes sociedades, onde era possível visualizar o embate entre grupos socioeconômicos dominantes e dominados, tanto ao redor dos direitos sobre a propriedade, quanto com relação aos aparatos políticos e jurídicos do Estado que lhes garantiam posições de poder, sobretudo no que concerne aos modos de produção predominantes em cada período.

Apesar de os conceitos de *classe* e de *estrutura de classes* serem bastante recorrentes, principalmente nas análises das sociedades capitalistas mais recentes, diversos pesquisadores observaram composições muito mais complexas, plurais e variáveis, o que, muitas vezes, impedia ou dificultava a identificação e a organização de classes estreitamente definidas de acordo com a conjuntura histórica investigada. Em concordância com a própria percepção de Marx, a aplicação desse conceito e dos problemas que podem ser ocasionados nas pesquisas mais profundas e rigorosas depende da verificação empírica das circunstâncias dadas, e não da simples imposição de uma teoria histórico-filosófica definida *a priori*.

*Ernesto Sobocinski Marczal*

# Luta de classes

Talvez a melhor síntese da compreensão marxista sobre o conceito de luta de classes seja a célebre passagem do *Manifesto comunista*, publicado primeiramente em 1848, em que Marx e Engels (2007, p. 40) afirmam: "A história de todas as sociedades existentes até hoje é a história da luta de classes". Nessa perspectiva, o confronto entre os diferentes grupos sociais, em torno principalmente das bases materiais e produtivas e suas relações subsequentes – em consonância com a concepção materialista da história que permeia o pensamento dos autores –, constituiria o próprio **motor da história**, o elemento que impulsiona as mudanças e transformações das sociedades humanas ao longo de seu desenvolvimento temporal. Assim como ocorre com a ideia de *classe*, a perspectiva da luta de classes se torna mais inteligível no contexto das sociedades capitalistas, no **antagonismo entre a burguesia e o operariado**, e sob o horizonte político de uma vindoura revolução socialista. Diante de outros contextos históricos e mesmo com a falência das experiências comunistas vigentes no século XX, a concepção marxista da luta de classes passou a ser reexaminada, a fim de delimitar a importância, a configuração e o funcionamento histórico específico dos embates entre os grupos dominantes – encarregados de dirigir a vida econômica e social – e aqueles subalternos – subordinados e dirigidos.

# Modo de produção

O termo *modo de produção* também foi utilizado de maneiras distintas por Marx ao longo de suas obras e, assim como os demais conceitos abordados anteriormente, ainda é motivo de debate entre diversos estudiosos marxistas. O termo pode designar, em uma acepção mais restrita, um **mecanismo ou técnica de produção específica** ao abordar, por exemplo, as inovações e modificações nas formas de produzir mercadorias no interior de uma determinada sociedade, a qual abarca várias formas de produção simultâneas. Todavia, o uso mais frequente ocorre no sentido de designar um **sistema social e econômico** assentado sobre formas gerais de produção predominantes nos períodos de desenvolvimento histórico de cada sociedade, como o feudalismo ou o capitalismo. Nessa compreensão mais ampla, o modo de produção abarcaria simultaneamente as **forças produtivas** e as **relações de produção**.

## Mais-valia

O conceito de mais-valia constitui um dos fundamentos da análise econômica de Marx sobre o capitalismo. O capitalismo transformou as relações trabalhistas ao converter o trabalho em salário e **extrair dos indivíduos o poder ou a posse sobre os meios de produção. A força de trabalho também foi convertida em uma mercadoria**, de forma que o tempo de trabalho de um indivíduo passa a ser trocado por uma determinada quantia de dinheiro. A partir dessa lógica, o processo produtivo pode ser resumido no seguinte roteiro: uma soma é empregada para adquirir a força de trabalho e os meios de produção; os trabalhadores, com o auxílio dos meios de produção, confeccionam uma nova mercadoria; ao final, a mercadoria resultante é vendida por um valor superior ao investido em sua produção. Para Marx, essa diferença entre o valor produzido e o montante resultante da venda – o **lucro** – é resultado da exploração da força de trabalho, que tem seu valor reduzido na forma de salário. Marx define esse processo pelo termo de **mais-valia**, no qual o dinheiro acumulado é decorrente da **apropriação do valor do trabalho por parte do capitalista**.

> Isso ocorreria porque, na relação entre valor e trabalho, o trabalhador receberia apenas uma pequena fração do equivalente a sua produção.

Uma das conjecturas centrais do pensamento de Marx e Engels situa-se na atribuição de um papel preponderante, para não dizer determinante, às forças econômicas na organização das relações humanas. Tal leitura relaciona-se diretamente com a percepção antropológica de Marx (2001), na qual ele identifica o **trabalho**, a ação do homem sobre a natureza para prover seus meios de vida e atender suas necessidades mais básicas, como um **componente essencialmente humano por excelência**. O pensador alemão atribui à ação produtiva do homem um **caráter ontológico**, ou seja, aquilo que o constitui como ser.

Para Marx e Engels, é justamente a partir do momento em que atua sobre a natureza e a altera para produzir as condições de sua existência coletiva e individual que o homem se estabelece como tal e se distingue dos animais – capazes apenas de se adaptar à natureza. Em *A ideologia alemã*, obra produzida em meados do século XIX (1845-1846), quando ainda maduravam as concepções políticas e ideológicas que dariam forma ao projeto comunista e suas obras futuras, Marx e Engels sintetizam essa percepção da seguinte maneira:

> *Pode-se distinguir os homens dos animais pela consciência, pela religião e por tudo o que se queira. Mas eles próprios começam a se distinguir dos animais logo que começam a produzir seus meios de existência, e esse passo à frente é a própria consequência de sua organização corporal. Ao produzirem o seus meios de existência, os homens produzem indiretamente a sua própria vida material.* (Marx; Engels, 2001, p. 10-11)

O desdobramento desse pensamento incorre no fundamento materialista das atividades humanas, visto que a base da vida dos indivíduos se dá por meio das condições de produção e das relações estabelecidas por meio delas. Em outras palavras, **ao mesmo tempo em que o homem produz a sua existência e constrói a vida em sociedade, também é moldado por ela.** Nesses termos, o **materialismo** assume uma posição preponderante sobre as demais expressões da vida humana, como a política, a religião, a cultura, ou o "**espírito⑩**", pois é decisivo tanto na relação do homem com a natureza quanto na conformação de sua organização social. De certo modo, a relação com a natureza, mediada pelas formas de produção, subsidiaria o próprio desenvolvimento das sociedades humanas e de suas configurações mais complexas. De acordo com Marx e Engels (2001, p. 11, grifo do original),

> A maneira como os homens produzem seus meios de existência depende, antes de mais nada, da natureza dos meios de existência já encontrados e que eles precisam reproduzir. Não se deve considerar esse modo de produção sob este único ponto de vista, ou seja, enquanto reprodução da existência física dos indivíduos. Ao contrário, ele representa, já, um modo determinado da atividade desses indivíduos, uma maneira determinada de manifestar sua vida, um **modo de vida** determinado. A maneira como os indivíduos manifestam a sua vida reflete exatamente o que eles são. O que eles são coincide, pois, com sua produção, isto é tanto com **o que** eles produzem quanto com a maneira **como** produzem. O que os indivíduos são depende, portanto, das condições materiais da sua produção.

*Ernesto Sobocinski Marczal*

## ⊞ Contextualizando!

A ideia de *espírito* retratada aqui se relaciona às reflexões de outro filósofo alemão: **Georg Wilhelm Friedrich Hegel**, um dos mais influentes pensadores de sua época. Hegel lançou parte significativa das bases do pensamento moderno, com ênfase na razão e na busca por um saber verdadeiro e absoluto, construido, *grosso modo*, com base na essência do espírito. Embora Marx seja fortemente influenciado pela obra de Hegel – particularmente pelo emprego do método dialético –, a perspectiva desse conhecimento puro e abstrato representado pela perspectiva da base do espírito (que se sobrepunha às relações históricas e sociais) era um dos pontos principais da crítica marxista à filosofia alemã hegeliana.

Essa ideia sintetiza bem um dos pilares da teoria sociológica marxiana: o **materialismo como elemento primeiro na definição do indivíduo e das sociedades humanas.** De acordo com o pensamento delineado por Marx, é na relação dialética com o meio e as relações de produção que o homem se constitui como tal e estrutura sua vida em sociedade.

Contudo, esse processo só pode ser compreendido por meio do exame empírico da história, único caminho capaz de delinear o desdobramento das sociedades humanas em perspectiva de sua interdependência com os mecanismos de produção. Ou seja: a maneira pela qual as sociedades moldaram esses mecanismos e também foram moldadas por eles.

Não por acaso, nessa mesma obra, encontramos uma das afirmações mais célebres e categóricas dos autores a respeito da disciplina histórica: "**Conhecemos apenas uma ciência, a ciência da história**"

(Marx; Engels, 2001, p. 107, grifo nosso). Ao contrário do que pode parecer, não se trata de desconsiderar as demais formas de conhecimento humano, ou de buscar atribuir à história o estatuto rígido de ciência – como vimos anteriormente, essa era uma preocupação característica dos próprios historiadores contemporâneos a Marx, cuja abordagem histórica era abertamente refutada pelo filósofo alemão. Na verdade, trata-se de um alerta de Marx e Engels de que somente com o auxílio da história é possível identificar os diferentes mecanismos de produção e as relações tecidas ao seu redor e destacar as regras gerais de funcionamento das sociedades humanas.

Na linha de pensamento desenhada pelos autores, as histórias da natureza e dos homens estão **estritamente entrelaçadas**, de modo que "enquanto existirem os homens, sua história e a da natureza se condicionarão reciprocamente" (Marx; Engels, 2001, p. 107). Os autores pontuam a presença humana **como condição essencial para a história** e salientam sua conexão específica com as bases naturais, das quais partem e sobre a qual passam a atuar ativamente. Ainda que haja uma configuração da natureza pregressa ao homem – que não deve ser desconsiderada, mas também não constitui o foco de interesse dos historiadores –, após seu surgimento e sua ação produtiva, ela passou a ser diretamente afetada por ele ao longo de sua trajetória histórica.

> *A primeira condição de toda a história humana é, naturalmente, a existência de seres humanos vivos. A primeira situação a constatar é, portanto, a constituição corporal desses indivíduos e as relações que ela gera entre eles e o restante da natureza. Não podemos, naturalmente, fazer aqui um estudo mais profundo da própria constituição física do homem, nem das condições naturais, que os homens já encontraram já prontas, condições geológicas, orográficas, hidrográficas, climáticas e outras. Toda a*

*historiografia deve partir dessas bases naturais e de sua transformação pela ação dos homens, no curso da história.* (Marx; Engels, 2001, p. 10)

A ênfase atribuída ao materialismo e às relações de produção, seja em vista das condições naturais vigentes, seja sobre o espaço social constituído, incorpora a perspectiva histórica **marxiana❶**. Ao revés dos movimentos históricos dos quais era contemporâneo, Marx insistia em uma perspectiva histórica cuja preocupação central, seu princípio ativo, se dirigisse às configurações sociais estabelecidas a partir dos alicerces produtivos da vida material. Desse modo, **para haver história é imprescindível a existência de seres humanos em condições de fazê-la.** Homens cujas necessidades básicas da vida – comer, beber, vestir-se, entre outras coisas – estejam ao seu alcance. Portanto, para os autores, o primeiro fato histórico, a condição fundamental para que haja história, tanto no passado quanto hoje, é justamente a capacidade dos homens de **produzir a sua vida material**, ou seja, a fabricação dos meios que lhes permitam sobreviver e satisfazer suas necessidades mais imediatas (Marx; Engels, 2001, p. 21-22).

---

### ❶ Atenção!

*Marxiano* e *marxismo* são termos distintos. O primeiro designa as ideias e produções específicas de Marx, ou aquelas realizadas em conjunto com Engels. Já o segundo remete à tradição de pensamento que se organizou no rastro dos pensadores alemães, sobretudo as leituras e os trabalhos elaborados por outros autores, inspirados nas obras e compreensões desenvolvidas por Marx e Engels.

De acordo com a concepção marxista, é a partir daí, de sua base material, que se estruturam as relações humanas, definem-se agrupamentos sociais, formam-se antagonismos, delineiam-se posições e disputas de poder e organizam-se manifestações culturais, posicionamentos políticos e ideológicos. O objeto primeiro do estudo histórico, aquilo que colocaria a história em marcha, não se encontra na sucessão dos grandes eventos políticos e das grandes batalhas, normalmente visualizados sob a ótica de seus líderes ou de outros atores em posições de poder privilegiadas, ou na vida virtuosa de homens de espírito destacado que guiariam as tramas da formação nacional, mas **no desenvolvimento das condições materiais, nos modos de produção predominantes e na organização dos homens que derivam desses condicionantes.** Para Marx e Engels (2001, p. 46-47),

*A história não é senão a sucessão das diferentes gerações, cada uma das quais explora os materiais, os capitais, as forças produtivas que lhe são transmitidas pelas gerações precedentes; assim sendo, cada geração, por um lado, continua o modo de atividade que lhe é transmitido, mas em circunstâncias radicalmente transformadas, e, por outro lado, ela modifica as antigas circunstâncias entregando-se a uma atividade radicalmente diferente; chega-se a desnaturar esses fatos pela especulação, fazendo-se da história recente a finalidade da história anterior.*

Como pudemos notar, a concepção de *história* delineada por Marx, ou, ao menos, a perspectiva de história que lhe interessa, toma como base a **atividade produtiva** e a **organização da vida material**. As relações de produção e de trabalho constituiriam o interesse primeiro da história, já que as demais construções humanas seriam decorrentes dessas relações. Mais tarde, conforme Bottomore (2012) Engels designou a interpretação marxiana da história como ***materialismo histórico***, o qual atribuía aos fatores econômicos um papel preponderante no desenrolar dos **acontecimentos históricos**❶. A tese central era justamente de que as formas adquiridas pela sociedade no decorrer de sua trajetória dependiam das **relações econômicas predominantes** em cada etapa histórica. Visto de outra maneira, é como se a evolução dos modos de produção e a transformação das relações sociais inerentes a eles atuassem como a própria força motriz da história. Essa construção teórica fundamenta os alicerces da organização social imaginada por Marx, sobretudo na célebre definição de sua concepção estrutural, representada por meio do binômio **base-superestrutura**. Em *Contribuição à crítica da economia política*, texto de 1859, Marx (2008) sintetizou a relação hierárquica entre os fundamentos socioeconômicos decorrentes do processo produtivo e os demais aspectos da vida humana, percepção que serviria como um fio condutor nos estudos empreendidos pelo autor.

> *Na produção social da própria existência, os homens entram em relações determinadas, necessárias, independentes de sua vontade; essas relações de produção correspondem a um grau determinado de desenvolvimento de suas forças produtivas materiais. A totalidade dessas relações de produção constitui a estrutura econômica da sociedade, a base real sobre a qual se eleva uma superestrutura jurídica e política e à qual correspondem formas determinadas de consciência. **O modo de produção da vida material condiciona o processo de vida social, política e intelectual.**
> (Marx, 2008, p. 47, grifo nosso)

## ❶ Atenção!

Muitos autores afirmam que a compreensão tradicional marxista do materialismo histórico como um exercício de dominação e determinação exercidas pela base econômica sobre as estruturas sociais constitui uma compreensão delineada pelas leituras difundidas por Engels, as quais têm um caráter, em alguma medida, menos restrito e absoluto que as reflexões apresentadas por Marx.

Além de expor sua constatação quanto à predominância das forças produtivas sobre a organização social, inclusive com a atribuição de um papel regulador dessas forças diante de outros aspectos da vida humana, Marx também assinala a importância desses elementos como **mecanismos de propulsão histórica**. O autor afirma que o desenvolvimento das relações produtivas afeta diretamente os sujeitos e determina a tomada de consciência a respeito de sua condição social. São as transformações das forças produtivas em contraponto às relações de produção já estabelecidas que ocasionam os momentos de ruptura e revolução e alavancam as mudanças de toda a estrutura social, em um movimento originado na base econômica e propagado na ampla superestrutura – as formas políticas, artísticas, religiosas, ideológicas, culturais etc. – durante cada etapa histórica.

> *Não é a consciência dos homens que determina o seu ser; ao contrário, é o seu ser social que determina a sua consciência. Em uma certa etapa de seu desenvolvimento, as forças produtivas materiais da sociedade entram em contradição com as relações de produção existentes, ou, o que não é mais do que sua jurídica, com as relações de propriedade no seio das quais ela havia se desenvolvido até então. De formas evolutivas das forças produtivas que eram, essas relações convertem-se em entraves. Abre-se então uma época de revolução social. A transformação que se produziu na base econômica transforma mais ou menos lenta ou rapidamente toda a colossal superestrutura.* (Marx, 2008, p. 45-47)

Sob a pena de Engels, a construção teórica ao redor do materialismo histórico adquiriu contornos mais rígidos. No âmbito da historiografia, a adesão inconteste, ou relativamente acrítica, a um determinismo econômico fabricado com base nas colocações de Marx forneceu aos pesquisadores um atraente instrumento explicativo, sobretudo no interior de uma disciplina preocupada em ampliar seus horizontes para além das tradicionais abordagens estatais e nacionais. Nesse termos, historiadores sociais e econômicos encontraram um uso imperativo para a teoria marxista, apesar de seus predecessores terem recorrentemente ignorado as contribuições do filósofo alemão. Um dos desdobramentos mais evidentes, por exemplo, foi a instituição de uma espécie de **marxismo ortodoxo**, no qual a ênfase sobre uma **interpretação econômico-determinista** da história acabava por abafar, ou ao menos secundarizar em questões menos relevantes, outros aspectos da atividade humana como objetos de interesse histórico. Ao alicerçar na base econômica e nos embates de classe derivados das relações de produção o cerne da história, os estudiosos acabavam por esvaziar outros focos de análise. Ao mesmo tempo, contudo, consolidavam uma proposta de investigação engajada, pois já avistava no limiar da trajetória histórica a latente efetivação do projeto político elaborado por Marx e Engels.

Por isso, um ponto importante a considerar na proposta marxista consiste na sua inegável **conotação política**, que conferia à análise sociológica um **caráter teleológico**. O paradigma marxista vislumbrava no antagonismo entre a burguesia e o proletariado o rumo inevitável de uma **revolução socialista**, a qual sobrepujaria o sistema capitalista vigente e iniciaria um período de equidade em uma **sociedade sem classes**. Esse componente político permeou significativamente a produção marxista, inclusive com o engajamento ativo e recorrente dos pesquisadores em organizações político-partidárias,

INTRODUÇÃO À HISTORIOGRAFIA:
DA ABORDAGEM TRADICIONAL ÀS PERSPECTIVAS PÓS-MODERNAS

notadamente as variadas versões do Partido Comunista que se espalharam por diversos países do mundo no decorrer do século XX.

Um indicativo importante dessa relação foi a propagação do pensamento marxista nos países do **leste europeu**, onde as reflexões do pensador alemão encontraram profundo eco social, político e intelectual. **Lênin** e **Trotsky**, figuras de suma importância no processo político socialista que tomou a Rússia nas primeiras décadas do século XX, são grandes exemplos de personagens que ecoaram a perspectiva determinista das forças produtivas no desenvolvimento histórico, ao mesmo tempo que legaram suas próprias contribuições ao pensamento marxista. Na virada do século XIX para o século XX, a concepção marxista de desenvolvimento histórico praticamente não havia penetrado na historiografia profissional do Velho Continente, sobretudo em polos como a França, a Grã-Bretanha e a Alemanha, e os Estados Unidos. As exceções eram justamente a Rússia e outros países do leste europeu, onde o pensamento marxista logo se estabeleceu na produção historiográfica predominante, antes mesmo da organização do Estado Soviético na década de 1920, o qual submeteria a disciplina histórica às novas demandas políticas e ideológicas. (Lambert; Schofield, 2011)

Contudo, a falência do projeto socialista soviético e a reorganização do sistema capitalista durante o pós-guerra e a Guerra Fria podem levar, erroneamente, diversos estudiosos a subestimar as colaborações do pensamento marxista não só para a historiografia, mas para as ciências sociais como um todo. De maneira análoga, não podemos supor que o marxismo constituiu um conjunto homogêneo e que diferentes autores se orientaram por uma vertente única do pensamento elaborado com base nas reflexões do filósofo alemão. Pelo contrário: o marxismo foi palco de diversos e acalorados **debates**, nos quais vários pesquisadores, em diálogo permanente com a matriz teórico-sociológica de Marx, propuseram novas possibilidades de investigação, interpretação e aplicação de conceitos-chave delineados pelo autor.

O sociólogo brasileiro radicado na França, **Michael Löwy**, já em meados da década de 1990 e à luz tanto dos desdobramentos históricos quanto de ao menos um século de debates ao redor do marxismo, defendia a necessidade de retomar os trabalhos de Marx em paralelo às diversas contribuições e questionamentos construídos com base em sua vasta produção intelectual. De acordo com Löwy (1997), as ideias de Marx foram de suma importância para a compreensão dos fenômenos históricos e políticos que tomaram grande parte do século XX e não poderiam ser simplesmente descartadas. Para o autor, a força do pensamento de Marx reside em sua "qualidade ao mesmo tempo crítica e emancipadora" (Löwy, 1997, p. 24). Tal característica, cujo exame da sociedade pode conduzir o indivíduo a uma potência autolibertadora, mantém a atualidade, a vitalidade e a pertinência do pensamento marxista, principalmente diante dos assaltos recorrentes à teoria marxista, com seus contínuos enterros, refutações e manipulações burocráticas.

Nessa percepção, a manutenção e o desenvolvimento de um marxismo crítico passam pela revisão de suas diversas contribuições, mas também pela atenção às lacunas, limitações e insuficiências explicativas do pensamento de Marx e pela ampla tradição marxista. Para isso, é necessária uma abordagem aberta, capaz de dialogar, aprender e se enriquecer com as críticas e análises oriundas de outras partes, de correntes de pensamento não marxistas, além dos aportes das próprias experiências dos movimentos sociais (Löwy, 1997, p. 28-29). De acordo com o sociólogo,

*O marxismo não tem sentido se não é crítico, tanto em face da realidade social estabelecida – qualidade que faz imensa falta aos "marxismos" oficiais, doutrinas de legitimação apologética de uma ordem "realmente existente" – quanto ante ele próprio, ante suas próprias análises, constantemente questionadas e reformuladas em função de objetivos emancipadores que constituem sua aposta fundamental. Reclamar-se do marxismo exige portanto, necessariamente, um questionamento de certos aspectos da obra de Marx. Parece-me indispensável um inventário que separe o que permanece essencial para compreender e para mudar o mundo, do que deve ser rejeitado, criticado, revisto ou corrigido.* (Löwy, 1997, p. 22)

De certo modo, a postura de Löwy com relação ao pensamento marxista, sua revisão e revitalização ante outras proposições teóricas e tensões sociais recentes não constitui uma novidade na trajetória do pensamento marxista. Ainda que sem os mesmos questionamentos a respeito das propostas de investigação socioeconômica delineada por Marx ou, principalmente, quanto aos horizontes revolucionários de seu projeto político, o pensamento marxista foi colocado em xeque, reformulado e reinterpretado por distintas frentes no decorrer do último século. É sobre algumas dessas correntes e das possibilidades de interpretação que falaremos a seguir.

(2.2)

# Historiografia e marxismo

Como destacamos anteriormente, a profusão de múltiplas correntes marxistas provêm também de diferentes leituras, objetivos e aplicações do conjunto teórico social apresentado por Marx e Engels. Enquanto um marxismo ortodoxo se estabeleceu nos primeiros anos do século XX, a gradativa expansão do pensamento marxista, sobretudo na formação de jovens pesquisadores, contribuiu para que logo surgissem novas perspectivas de investigação embasadas no pensamento marxista, ou mesmo reativos a ele.

Um exemplo bastante pertinente nesse sentido é a própria Escola dos Annales, que enfocamos no capítulo anterior. Segundo Ciro Cardoso e Ronaldo Vainfas (1997), o movimento historiográfico francês, mesmo com uma proposta histórica bastante particular, apresentava uma série de afinidades com a problemática de estudo marxista, sobretudo em suas duas primeiras gerações. Cardoso (1997, p. 9) sintetiza as proximidades entre ambas as vertentes de investigação nos seguintes pontos:

1. *O reconhecimento da necessidade de uma síntese global que explique tanto as articulações entre os níveis que fazem da sociedade humana uma totalidade estruturada quanto as especificidades no desenvolvimento de cada nível;*

2. *A convicção de que a consciência que os homens de determinada época têm da sociedade em que vivem não coincide com a realidade social da época em questão;*

3. *O respeito pela especificidade histórica de cada período e sociedade (por exemplo, as leis econômicas, só valeriam, em princípio, para o sistema econômico em função do qual foram elaboradas);*

4. *A aceitação da inexistência de fronteiras estritas entre as ciências sociais (sendo a história uma delas) – apesar de o marxismo ser muito mais radical quanto à unidade delas;*

5. *A vinculação da pesquisa histórica com as preocupações do presente;*

6. *O fato de que alguns membros do grupo dos Annales se aproximaram da noção marxista da determinação em última instância pelo econômico.*

Além desses aspectos, podemos observar a troca com o pensamento marxista realizada por alguns historiadores participantes dos Annales ou que dialogavam diretamente com o grupo. Caso, por exemplo, de **Ernest Labrousse, Pierre Vilar** e **Michel Vovelle**. Segundo Burke (2010), o próprio Braudel, em seus últimos estudos dedicados ao capitalismo, aproximou-se de explicações socioeconômicas similares àquelas apresentadas por Marx. Porém, enquanto na historiografia francesa o marxismo mantinha-se relativamente à margem, em outras áreas adquiria espaço bastante significativo. Sinal disso é a produção de **Louis Althusser**, filósofo cuja reflexão a respeito do pensamento marxista ganhou grande notoriedade e gerou reações dentro e fora da França a partir da década de 1960, especialmente no contraponto que faz ao empirismo ao traçar uma **teoria do conhecimento** com base em Marx e elaborar uma **percepção estrutural da sociedade** que subjugava o sujeito da história.

Nas décadas imediatamente posteriores à Segunda Guerra Mundial, as vertentes de investigação marxista angariaram um amplo espaço no interior da produção acadêmica voltada à investigação do aspecto humano. Uma vasta gama de filósofos, historiadores e cientistas sociais de inspiração marxista, alocados em vários países, ganharam lugar de destaque no interior de suas respectivas disciplinas e passaram a ter sua produção bastante divulgada e reconhecida. É importante destacar que grande parte dos estudos e dos autores que se tornaram conhecidos no pós-guerra experimentaram as bases de sua formação e organizaram parte significativa de seus estudos antes ou durante o confronto.

A chamada **Escola de Frankfurt**[11] é um desses casos. Embora o movimento tenha sido gestado por uma geração de estudiosos

*Ernesto Sobocinski Marczal*

alemães alocados na cidade durante as décadas de 1920 e 1930, foi somente a partir dos anos 1950 que seus trabalhos ficaram conhecidos internacionalmente. Renato Ortiz (1986) indica que somente ao final da década de 1960 começaram a ser publicados os primeiros textos de autores do grupo no Brasil. Entre seus principais expoentes podemos destacar **Theodor Adorno, Max Horkheimer, Friedrich Pollock, Herbert Marcuse**, entre outros. **Walter Benjamin**, cujas reflexões quanto à arte, à história e à política vêm influenciando toda uma geração de historiadores, também é considerado um personagem periférico ao movimento.

## ⑪ Contextualizando!

O grupo foi organizado ao redor do Instituto de Pesquisa Social, criado em 1923. No contexto do totalitarismo nazista e da Segunda Guerra Mundial, muitos dos autores se exilaram nos Estados Unidos, onde deram continuidade a suas pesquisas.

Apesar de partidários do pensamento marxista, os trabalhos desenvolvidos pela Escola de Frankfurt se **opunham à perspectiva de uma racionalidade iluminista emancipadora**⑫, ao mesmo tempo que **questionavam o dogmatismo político comunista**, sobretudo em face de seu desdobramento partidário. Tal postura também deve ser compreendida levando em consideração o contexto histórico em que os pensadores se inseriam – basicamente, o complicado cenário alemão entre guerras, onde, além das dificuldades socioeconômicas decorrentes do encerramento do conflito iniciado em 1914, experimentaram a ascensão do nazifascismo e do stalinismo.

## 🔟 Contextualizando!

Entre os séculos XVII e XVIII, uma série de transformações políticas, econômicas e socioculturais impulsionaram um amplo movimento de ruptura e reflexão, conhecido como *Iluminismo*, que permeou, com suas próprias especificidades, diferentes espaços, sobretudo os principais centros urbanos europeus. Filósofos, artistas e pensadores das mais variadas áreas passaram a questionar os pressupostos vigentes durante a Idade Média, refutando princípios religiosos, lugares estabelecidos de poder – como o Estado e a Igreja –, direitos e o espaço de parcela da população na participação política. Sob diversas frentes, os autores iluministas questionaram as formas correntes de pensamento, com reflexões que propunham a discussão sobre o papel e a capacidade de ação dos indivíduos na sociedade, bem como as formas de obtenção do conhecimento. Nesse processo, abriu-se espaço para o desenvolvimento do pensamento racional, como um caminho não só de expansão do saber – com notório impulso ao desenvolvimento das ciências –, mas também de emancipação dos indivíduos por meio do esclarecimento. Como sugere o próprio nome, a concepção do Iluminismo era de que a luz das ideias – isto é, da razão – iluminaria os homens, tirando-os das trevas opressoras da ignorância. Grande parte das ideias desenvolvidas durante o Iluminismo serviram de alicerce à conformação do pensamento moderno, que se organizou ao longo dos séculos XIX e XX, como foco de inspiração, de crítica ou de debate. Entre alguns dos personagens mais conhecidos cujas ideias ganharam destaque nesse período, podemos destacar: Thomas Hobbes, John Locke, René Descartes, Voltaire, Jean-Jacques Rousseau, Adam Smith, Isaac Newton e Immanuel Kant.

*Ernesto Sobocinski Marczal*

Habitualmente, as ideias apresentadas pelo grupo são associadas genericamente à dita *teoria crítica*. Em linhas gerais, ela pretendia, sob múltiplos enfoques e com um olhar desencantado, **questionar a sociedade contemporânea** e suas possibilidades de transformação ante a imposição de diversos mecanismos de **dominação social** e do **cerceamento da autonomia de pensamento** do indivíduo, a qual buscava restituir. Os autores se debruçaram, por exemplo, sobre a ideologia, a sociedade de massas e os meios de comunicação de massa, assim como a organização da chamada *indústria cultural*.

---

## Saiba mais!

A expressão *teoria crítica* foi originalmente cunhada por Horkheimer, em oposição à teoria tradicional elaborada originalmente por Descartes. Para uma breve introdução às questões debatidas pela Escola de Frankfurt e à teoria crítica, consulte o artigo de Renato Ortiz:

ORTIZ, R. A Escola de Frankfurt e a questão da cultura. **Revista Brasileira de Ciências sociais**, São Paulo, v. 1, n. 1, 1986. <Disponível em: http://www.anpocs.org.br/portal/publicacoes/rbcs_00_01/rbcs01_05.htm> Acesso em: 9 nov. 2016.

---

Outro expoente do pensamento marxista no século XX foi o italiano **Antonio Gramsci**. Assim como seus contemporâneos da Escola de Frankfurt, ele também vivenciou a introdução dos regimes autoritários na Europa no período entre guerras, dessa vez sob a ascensão do fascismo tutelado por Mussolini. O filósofo foi um dos fundadores do Partido Comunista no país e acabou sendo encarcerado pelo regime local. Mesmo na prisão, deu continuidade a seus escritos, os quais foram publicados posteriormente, em diversos volumes, sob o título de *Cadernos do cárcere*.

Além de sua importância na militância política da esquerda italiana, são especialmente impactantes as reflexões que Gramsci elabora a respeito do pensamento marxista no tocante à dominação política e social para além das relações exprimidas quanto ao controle do Estado e dos meios de produção. Nesse sentido, o filósofo focou-se em elementos distintos, como a **ética**, a **moral** e a **cultura** – fatores alocados na superestrutura, mas cujo impacto sobre a estrutura social, em concordância com as instituições tradicionais de poder – como o poder político –, eram de suma importância para a consolidação de uma **classe dominante**. Vários comentadores observam que as principais contribuições de Gramsci ao pensamento marxista sobre essa questão gravitam ao redor da ideia de **hegemonia**, desenvolvida ao longo de sua obra.

Para Gramsci (1989b), uma classe, ou um bloco de classes, não consegue exercer sua predominância apenas por meio da organização específica da força. É necessário assumir uma **liderança moral, intelectual e cultural**, além de estabelecer **concessões limitadas** a certos aliados compreendidos em um mesmo bloco, a fim de assegurar tanto o consenso quanto a direção político-ideológica sobre os demais agrupamentos sociais alocados em um determinado conjunto histórico. Em sua concepção, e a partir das leituras que efetua de autores como Maquiavel e Pareto, até mesmo o Estado, na condição de instrumento de dominação política – poderia ser compreendido por meio da **somatória entre força e consentimento**.

Como em outros casos, as propostas de Gramsci passaram a ecoar de forma bastante significativa no pós-guerra, quando cativou a crítica de diversos pesquisadores, dentro e fora do marxismo.

*Ernesto Sobocinski Marczal*

A influência do pensamento de Gramsci foi sentida em vários ramos das ciências humanas, como a sociologia, a história e também a pedagogia, sobretudo no contraponto que traçava em relação à **potencialidade revolucionária da educação**, um mecanismo capaz de promover a emancipação dos indivíduos e produzir uma espécie de **contra-hegemonia** ou, ao menos, uma alternativa aos valores culturais, políticos e ideológicos estabelecidos.

---

## Saiba mais!

Para compreender melhor a aplicação das ideias de Gramsci na educação e na pedagogia, assim como o pensamento de Marx, Engels e outros autores da sociologia e do marxismo, recomendamos a leitura da obra *Fundamentos socioculturais da educação*, de Alessandro de Melo, que introduz o tema de uma maneira bastante didática e acessível.

MELO, A. de. **Fundamentos socioculturais da educação.** Curitiba: InterSaberes, 2012.

---

O pensamento de Gramsci foi bastante empregado pelos estudiosos preocupados com a questão da cultura. Ao iniciar seus escritos no cárcere, o filósofo italiano buscou pensar o **papel dos intelectuais** na composição de uma cultura dominante ou oficial. Nesse processo, além de construir o conceito-chave de hegemonia, Gramsci se dedicou a analisar os elementos relacionados a outras possibilidades de manifestação cultural, como alternativa tanto ao viés oficial quanto aos aspectos incorporados por ele, especialmente na relação tecida com a chamada *cultura popular*. As conjecturas do autor a respeito dessa relação, bem como as ideias que emprega para analisá-la, foram incorporadas por uma série de estudos. No caso da história, tal aproximação se tornou mais visível a partir da eclosão de perspectivas de análise voltadas à questão da cultura, ou seja, a objetos e relações até então relegados a um plano secundário nas investigações historiográficas. Os estudos de Gramsci, em paralelo às propostas de outras correntes, viabilizaram caminhos para a crítica marxista no campo dos estudos culturais, seja ao debater a construção de uma cultura hegemônica, seja ao discutir como a cultura oficial estabelecida apresenta conexões com vertentes culturais alternativas, subalternas e marginais.

Apesar da relevância do trabalho do italiano Gramsci e dos membros da Escola de Frankfurt, ao ponderarmos a respeito do impacto do pensamento marxista e, particularmente, de seu desdobramento no interior da produção historiográfica, um dos espaços onde a aproximação com a disciplina histórica foi mais profícua foi, seguramente, a Grã-Bretanha. No decorrer do século XX, o país vivenciou o surgimento de um número considerável de estudiosos – historiadores, em particular – ligados ao pensamento marxista e à militância política de esquerda. Sua consolidação no meio acadêmico local se deu tanto a partir de sua introdução na vida política frente às tensões do contexto em que se encontravam quanto pelo debate sobre as perspectivas de investigação e abordagem então predominantes na historiografia britânica. Nesse aspecto, a profusão de vertentes de investigação voltadas à história econômica e social na Inglaterra, ainda na passagem do século XIX para o XX, foi importante para o desenvolvimento de uma historiografia de inspiração marxista no país. De acordo com Schofield (2011, p. 216), por meio do debate com historiadores anteriores (não marxistas), os marxistas depararam-se com uma variedade de perguntas históricas e áreas de pesquisa que puderam explorar posteriormente.

*Ernesto Sobocinski Marczal*

Um dos historiadores mais conhecidos de sua geração, dentro e fora do mundo acadêmico, **Eric Hobsbawm** observou o peso que a complexa rede de experiências históricas que forçaram os limites da primeira metade do século XX exerceram sobre o grupo de pensadores marxistas britânicos de sua geração: "Nós, intelectuais, teríamos nos tornado o que nos tornamos, que não nas experiências da guerra, da revolução e da depressão, do fascismo e do antifascismo, que nos cercaram em nossa juventude?" (Hobsbawm, citado por Lambert; Schofield, 2011, p. 217). A indagação do autor evidencia, novamente, o impacto que as experiências de vida exercem na trajetória dos pesquisadores em seus aportes para a disciplina histórica. Os anos anteriores e posteriores à Segunda Guerra, estes últimos com notórias transformações nas percepções a respeito do comunismo e do Estado Comunista, foram essenciais no desenrolar da produção intelectual de orientação marxista nas várias partes do globo.

No caso britânico, a rápida introdução do pensamento marxista no cerne da disciplina histórica se deve também à associação mútua e ao intenso intercâmbio de ideias entre diversos historiadores filiados ao **Partido Comunista** da Grã-Bretanha. Em um intervalo de dez anos, entre 1946 e 1956, organizou-se, no interior do partido, o chamado *Grupo de Historiadores*, o qual promoveu um profundo debate a respeito da produção historiográfica britânica.

Embora reunisse alguns pesquisadores bastante experientes, como **A. L. Morton, Maurice Dobb** e **Dona Torr**, a maioria dos integrantes do grupo passou a ser composta por jovens recém-formados, muitos dos quais ainda nem mesmo haviam estipulado claramente suas áreas de atuação e investigação em 1946 (Fortes; Negro; Fontes, 2012). A presença de uma geração de estudiosos marxistas com atuação já consolidada foi importante tanto pelo **impulso às pesquisas** que fomentavam a discussão quanto pela **troca com os demais membros** e pela **elaboração das bases de seu trabalho conjunto.** Exemplo disso é o impulso ocasionado pelo trabalho de Dobb, *Studies in the Development of Capitalism* – no Brasil, lançado sob o título *A evolução do capitalismo* –, publicado em 1946, que canalizou parte das discussões iniciais do coletivo e contribuiu para delimitar as bases de alguns dos interesses e problemas de estudos centrais ao grupo (Fortes; Negro; Fontes, 2012). O mais evidente foi a preocupação com a inserção de uma compreensão histórica a respeito do desenvolvimento do capitalismo inglês com base em uma interpretação marxista, uma proposta que convergia para as pretensões políticas do partido – preocupado, após a experiência do combate ao fascismo, em se distanciar da vertente comunista soviética e buscar uma via britânica para o socialismo (Fortes; Negro; Fontes, 2012).

A crescente adesão de membros levou o coletivo a elaborar uma estrutura organizacional própria e relativamente autônoma em relação ao partido, com coordenação, secretaria e comitês. O coletivo apresentava ramificações locais em cidades, como Manchester, Nottingham e Sheffield, e contava com uma seção de professores e outras divisões separados de acordo com diferentes períodos – antiga, medieval, moderna e século XIX. Os conteúdos dos debates internos e as atividades promovidas eram divulgados em um boletim próprio, chamado *Our History*, e em outros veículos de imprensa partidários. Além disso, seus integrantes mantiveram uma larga produção, inclusive com alguns de seus membros colaborando com a criação e a solidificação da revista *Past and Present*, em meio à Guerra Fria, como um espaço aberto ao diálogo de pesquisadores identificados ou não com o marxismo e um dos principais periódicos internacionais na área de história.

Assim, o grupo de historiadores gerou grande impacto entre os comunistas ingleses, consolidando o estudo histórico como um dos

*Ernesto Sobocinski Marczal*

principais espaços voltados à reflexão marxista. A iniciativa foi um dos grandes exemplos da **união entre a militância política e o trabalho intelectual** que marcou toda uma geração de historiadores formados nos anos imediatamente posteriores à Segunda Guerra. Não por acaso, alguns dos pesquisadores marxistas mais conhecidos e impactantes do último século, como **Christopher Hill, Edward Palmer Thompson, Rodney Hilton** e o já citado **Eric Hobsbawm**, foram participantes ativos no debate intelectual do coletivo. O grupo foi de particular importância ao alavancar uma discussão crítica em torno da corrente interpretação determinista do socialismo de inspiração marxista – ou, mais especificamente, uma visão que tomava o socialismo como o apogeu do desenvolvimento histórico e da racionalidade científica, um estado a ser alcançado. No lugar, abriram espaço para a interpretação do **socialismo como um caminho entre outros possíveis**, fruto da capacidade de ação e das escolhas humanas, seja na construção de um projeto de sociedade, seja na definição sobre em que projeto investir.

No âmbito da história, as atividades do grupo influenciaram a elaboração de uma **"história social"**, preocupada com a incorpora-ção de movimentos e expressões populares como elementos signi-ficativos e atuantes no desenrolar do processo histórico. Nessa ver-tente, os estudiosos incidiram ativamente nas discussões a respeito da Revolução Inglesa, no século XVII, um dos acontecimentos mais explorados na produção historiográfica britânica. No debate com apreciações tradicionais e sentidos já consolidados, introduziram uma compreensão próxima a uma **leitura nacional popular**, com enfo-que na participação ativa de segmentos populares e na ciência de pro-jetos alternativos que, por circunstâncias diversas, não logram êxito e acabaram esquecidos. Também contribuíram com a difusão de um projeto de investigação histórica metodologicamente comprometida com as exigências disciplinares em diálogo franco com o marxismo, longe de uma abordagem partidária-revolucionária panfletária e, por isso mesmo, contraria a hagiografia e propaganda. A divulgação dos trabalhos e a atuação de parte dos membros do grupo no processo educativo para além dos muros das universidades foram igualmente importantes para implementar mudanças nos mecanismos de ensino da história. (Fortes; Negro; Fontes, 2012)

Ainda que esse grupo de historiadores tenha conseguido uma projeção significativa, é interessante notar que nenhum de seus membros participava ativamente dos círculos de dirigentes do Partido Comunista. A relativa autonomia intelectual do coletivo se deu, inclusive, pela **falta de uma linha partidária definida** quanto à grande parte da história inglesa. Essa indefinição convergia com a preocupação da historiografia marxista vigente em lidar com problemas históricos reais, na busca por uma **evolução efetiva da disciplina histórica** combatente a vertentes mais conservadoras e reacionárias e, por isso mesmo, opostas aos interesses partidários.

Mesmo assim, uma das divergências centrais se dava em um ponto-chave: a organização de uma história recente do movimento operário e do próprio partido. Confrontava-se, aí, a preocupação do partido em assumir o **ponto focal de um movimento político revolucionário** com as aspirações de uma geração de historiadores comunistas ocupados em **organizar uma produção historiográfica crítica e aberta** – uma postura que implicava, também, na reflexão ética e política a respeito de questões presentes e impulsionava os membros do grupo a assumirem posições contundentes em relação aos problemas apresentados pelo partido e aos rumos tomados em direção ao socialismo. Em um momento em que o stalinismo perdurava como modelo viável de comunismo, o partido optava não só por suprimir o debate, mas por **ocultar do conhecimento público** – e mesmo de parte de seus correligionários menos informados –,

*Ernesto Sobocinski Marczal*

**as ações mais comprometedoras** e desagradáveis do regime soviético. Estavam postas as bases das divergências que se aprofundaram em meados da década de 1950, levando à debandada do grupo de historiadores e à desfiliação maciça de grande parte de seus membros. A grande exceção foi Eric Hobsbawm, que se manteve no partido até seu fim, em 1991, mas cultivou um diálogo simpático e colaborativo com os colegas engajados em novas experiências fora da agremiação. Em uma única tacada, o Partido Comunista da Grã-Bretanha perdeu um importante contingente de intelectuais engajados e proeminentes, cuja crescente projeção nos anos posteriores, inclusive internacional, poderia ter sido capitalizada pelo partido.

(2.3)

# EDWARD P. THOMPSON:
## MARXISMO E NOVA ESQUERDA

Muitos dos pesquisadores dissidentes do partido nessa época se tornaram expoentes do pensamento marxista nas décadas seguintes, especialmente após a conformação do movimento político que ficaria conhecido como a *nova esquerda inglesa*[III]. O movimento, contemporâneo à eclosão de uma gama de outras mobilizações alternativas de esquerda em diversas partes do mundo, foi de particular importância na consolidação de uma **nova interpretação do marxismo e do projeto socialista**. Os autores que estavam comprometidos com as discussões propostas pela nova esquerda contribuíram com a renovação da abordagem marxista, particularmente ao conferir **maior relevância analítica a expressões culturais populares**, atribuindo-lhes um peso maior nas configurações históricas de grupos sociais e políticos, bem como maior independência em relação ao determinismo atribuído aos fatores econômicos. Nesses termos, o movimento

INTRODUÇÃO À HISTORIOGRAFIA:<br>DA ABORDAGEM TRADICIONAL ÀS PERSPECTIVAS PÓS-MODERNAS se notabilizaria pela difusão de um **"socialismo humanista"** ou de um **"marxismo cultural"** ao resgatar os indivíduos em suas múltiplas manifestações no interior do processo histórico.

## ⊞ Contextualizando!

Além de egressos importantes do grupo de historiadores, como E. P. Thompson e John Saville, a nova esquerda reuniu uma série de grandes nomes da intelectualidade inglesa marxista, tal como Raymond Williams, Dorothy Thompson, Raphael Samuel e Doris Lessing, além de novos pensadores de vertentes insurgentes de esquerda, como o jamaicano Stuart Hall. O principal meio de expressão e troca de ideias do movimento se deu por meio da revista *New Left Review*, publicação lançada em 1960, como fruto decorrente da fusão dos periódicos *New Reasoner*, organizado por Thompson e Saville após seu desligamento do Partido Comunista, e *Universities and Left Review*. A publicação constituiu o cerne dos debates do movimento durante as décadas seguintes na Inglaterra e se mantém ativa até hoje. Em suas páginas, além dos debates teóricos e metodológicos, também há espaço para a apreciação de questões políticas importantes e bastante presentes durante a Guerra Fria, como a defesa do desarmamento atômico e os desdobramentos do colonialismo.

Um dos exemplos marcantes dessa influência é **Edward Palmer Thompson**, historiador que enfatizou o necessário exame histórico da tradição marxista e de alguns de seus principias conceitos, tomando-os como orientações teóricas que devem ser submetidas à análise de processos históricos reais. Sob o risco de incorrer em uma

*Ernesto Sobocinski Marczal*

simplificação excessiva de seu brilhante trabalho, podemos dizer que Thompson deu continuidade à proposta de Marx a respeito da história como espaço fundamental para o conhecimento do humano ao **interrogar as conjecturas marxistas à luz da experiência histórica**. Diversos comentadores concordam que a análise histórica empreendida por Thompson está permeada por uma **mistura entre a história estudada e a história vivida**. Ainda na juventude, filiou-se ao Partido Comunista durante seus estudos na Universidade de Cambridge. Contudo, interrompeu sua passagem pela instituição para servir no exército durante a Segunda Guerra Mundial, onde atuou nas frentes de batalha italiana e africana. Apesar de ter perdido o irmão no confronto, alimentou a esperança diante da derrota do nazifascismo e da elevação de forças de esquerda em diversos países da Europa (Fortes; Negro; Fontes, 2012).

Após terminar sua formação, o autor se juntou a uma brigada de solidariedade na antiga Iugoslávia, entre 1946 e 1947, onde contribuiu com a recuperação do país ao trabalhar, ao lado de uma série de voluntários, na construção de linhas férreas. Do final da década de 1940 até meados dos anos 1950, dedicou-se simultaneamente à reflexão histórica, à militância no Partido Comunista e ao trabalho com a educação popular de adultos, em uma ramificação educacional dirigida a um público localizado fora dos limites acadêmicos. A variedade dessas experiências não seria determinante somente em sua vida particular – inclusive nos laços de amizade e afetivos, como no caso de sua esposa Dorothy, também uma historiadora de respeito –, mas também incidiu decisivamente em sua produção histórica e sobre a leitura que realizaria sobre o marxismo.

O **contato direto com a população**, com homens e mulheres comuns, foi decisivo na afirmação de sua proposta de investigação histórica. O viés apresentado pelo pesquisador britânico não ofereceu apenas novos horizontes às investigações de inspiração marxista, mas inaugurou todo um campo de investigação histórica, a chamada *história vista de baixo* – *the history from below*. Tal qual destaca Jim Sharpe (2011), é certo que houve outros personagens que manifestaram essa preocupação anteriormente, mas é justo destacar o historiador britânico como um dos responsáveis pela **conversão da necessidade de elaborar uma história focada nas pessoas comuns,** e não apenas nos atos desencadeados por uma elite, em uma ação efetiva.

Embora a expressão *história vista de baixo* derive de um texto homônimo de Thompson datado de 1966, a proposta de atentar para atores históricos até então obscurecidos já aparece de maneira flagrante em escritos anteriores do autor. Sua obra mais marcante, *A formação da classe operária inglesa* (*The Making of the English Working Class*), na qual discute o processo de desenvolvimento de uma classe trabalhadora no país entre os séculos XVIII e XIX a partir de sua própria experiência histórica, já reúne as considerações que são a base dessa proposta (Thompson, 1987). No ácido prefácio da obra, o autor manifesta sua discordância com relação às "ortodoxias predominantes" – interpretações correntes sobre a temática que simplesmente perpassavam por cima dos trabalhadores, nublavam sua passagem ou os tornavam vítimas passivas de um movimento histórico já em andamento. Após destacar sua oposição a uma história focada somente nos vitoriosos de cada período histórico, uma leitura à luz dos desdobramentos posteriores – ou seja, já com a ciência dos resultados –, e ressaltar a importância de atentar para "becos sem saída", "causas perdidas" e "perdedores" esquecidos, Thompson afirma o seguinte:

*Ernesto Sobocinski Marczal*

*Estou tentando resgatar o pobre tecelão de malhas, o meeiro ludita, o tecelão do "obsoleto" tear manual, o artesão utópico e mesmo o iludido seguidor de Joanna Southcott, dos imensos ares superiores da condescendência da posteridade. Seus ofícios e tradições podiam estar desaparecendo. Sua hostilidade frente ao novo industrialismo podia ser retrógrada. Seus ideais comunitários podiam ser fantasiosos. Suas conspirações insurrecionais podiam ser temerárias. Mas eles viveram nesses tempos de aguda perturbação social, e nós não. Suas aspirações eram válidas nos termos de sua própria experiência; se foram vítimas acidentais da história, continuam a ser, condenados em vida, vítimas acidentais.* (Thompson, 1987, p. 13)

Esse parágrafo antecipa a preocupação de Thompson com a perspectiva da "história vista de baixo" que se consolidaria nos anos subsequentes, não necessariamente sob uma abordagem semelhante ao olhar de inspiração marxista do autor. Simultaneamente, a propagação dessa perspectiva não veio isenta de desafios, de questionamentos teóricos, metodológicos e mesmo de uma definição quanto à viabilidade da proposta. Afinal de contas, identificar o que comporia esse "baixo" – formado por uma infinidade de grupos e indivíduos guardados de sua própria especificidade – e os mecanismos para estudá-lo já constituíam grandes dificuldades por si só e fomentaram o debate entre diversos pesquisadores (Sharpe, 2011).

No caso de Thompson, o peso da tradição marxista e os próprios vieses explorados em seus trabalhos alocavam o debate ao redor da percepção de *classe*. Como enfatiza Sharpe, a dívida da história social com o marxismo e os historiadores marxistas não pode ser ignorada, mas, ao mesmo tempo que assinalaram uma variedade de problemas e a amplitude das possibilidades de pesquisa pertinentes aos historiadores do social, particularmente britânicos, também houve a tendência paralela de reduzir os estudos aos episódios nos quais as massas se engajaram manifestadamente na atividade política, ou em áreas ligadas à economia. Contudo, o certo é que Thompson foi além da constatação do problema geral quanto à reconstituição histórica das vivências de grupos de pessoas comuns. Ele atentou para o imperativo de empenhar-se em **compreender esses sujeitos do passado a partir de suas próprias experiências e de suas reações** em relação a essas experiências, bem como em relação ao contexto que os cercava (Sharpe, 2011).

A problematização histórica do conceito de classe, aliás, é uma das preocupações centrais de Thompson na elaboração de *A formação da classe operária inglesa*. Logo no início de seu estudo, o autor justifica o emprego da expressão "fazer-se" (como uma tradução adaptada de *making of*) no título ao afirmar que sua análise se direcionava a um processo histórico ativo, fruto tanto da ação humana quanto de condicionantes conjunturais. "A classe operária não surgiu tal como o sol em uma hora determinada. Ela estava presente ao seu próprio fazer-se" (Thompson, 1987, p. 9).

A abordagem adotada pelo historiador distanciava-se de uma ortodoxia marxista, sobretudo as vertentes que assumiam a teoria social extraída das reflexões do pensador alemão como um modelo a ser simplesmente aplicado e seguido. Ao contrário, Thompson ressaltava sua compreensão sobre a **classe como fenômeno histórico**[1], baseado nas relações estabelecidas em um dado espaço e em um dado tempo entre pessoas e contextos reais. Em sua leitura, a classe, assim como a consciência de classe, é uma **composição fluida** e não uma coisa, um objeto a ser encontrado. Por isso, ele afirmava não ver a classe como uma "estrutura" ou "categoria", mas como um **produto das reações humanas.**

*Ernesto Sobocinski Marczal*

## ❶ Atenção!

Em *As peculiaridades dos ingleses*, outro texto emblemático, Thompson também nos apresenta uma definição do seu entendimento sobre o conceito de *classe* de uma forma mais simples e direta:

*Classe é uma formação social e cultural (frequentemente adquirindo expressão institucional) que não pode ser definida abstrata ou isoladamente, mas apenas em termos de relação com outras classes; e, em última análise, a definição só pode ser feita através do tempo, isto é, ação e reação, mudança e conflito. Quando falamos de uma classe, estamos pensando em um corpo de pessoas, definido sem grande precisão, compartilhando as mesmas categorias de interesses, experiências sociais, tradição e sistema de valores, que tem disposição para se comportar como classe, para definir a si próprio em suas ações e em sua consciência em relação a outros grupos de pessoas, em termos classistas. Mas classe, mesmo, não é uma coisa, é um acontecimento.*

(Thompson, 2012, p. 169)

Em suas ponderações a respeito da temática, o historiador inglês nos apresenta a seguinte análise, na qual contempla a necessária dimensão histórica que atribui à questão:

*A classe acontece quando alguns homens, como resultado de experiências comuns (herdadas ou partilhadas), sentem e articulam a identidade de seus interesses entre si, e contra outros homens cujos interesses diferem (e geralmente se opõe) dos seus. A experiência de classe é determinada, em grande medida, pelas relações de produção em que os homens nasceram – ou entraram involuntariamente. A consciência de classe é a forma como as experiências são tratadas em termos culturais: encarnadas em tradições,* *sistemas de valores, ideias e formas institucionais. Se a experiência aparece como determinada, o mesmo não ocorre com a consciência de classe. Podemos ver uma **lógica** nas reações de grupos profissionais semelhantes que vivem experiências parecidas, mas não podemos predicar nenhuma **lei**. A consciência de classe surge da mesma forma em tempos e lugares diferentes, mas nunca exatamente da mesma forma.* (Thompson, 1987, p. 10, grifo do original)

Em meio à profusão do debate em torno da disciplina histórica e mesmo entre diferentes autores marxistas, o estudo de Thompson reverberou de várias formas e não passou incólume de críticas. Na época do lançamento da obra, em 1963, tanto o pensamento de esquerda quanto as análises acadêmicas relacionadas ao marxismo estavam em ampla discussão. De um lado, o desenrolar da Guerra Fria, o questionamento do stalinismo soviético, a disseminação de novas possibilidades de militância e a eclosão de variados movimentos sociais suscitavam **novos desafios políticos.** De outro, a difusão e a profunda penetração do marxismo em múltiplos ramos da vida acadêmica, na história e nas ciências sociais agitavam o debate ao redor das interpretações e aplicações teórico-metodológicas dos conceitos extraídos das obras do famoso pensador alemão. O trabalho de Thompson, assim como os de outros colegas britânicos, era permeado por ambos os elementos e batia de frente com apreciações mais rígidas e aplicações teóricas pragmáticas, as quais muitas vezes o acusavam de uma empiria excessiva e da falta de um debate teórico sobre os modelos explicativos a serem aplicados.

Uma parcela significativa dessas críticas era proferida, paradoxalmente, em meio à própria esquerda, inclusive por alguns pesquisadores que começaram a se destacar na nova esquerda inglesa. Um dos principais expoentes de uma nova geração de intelectuais

*Ernesto Sobocinski Marczal*

marxistas, formados no rastro do trabalho do célebre grupo de historiadores do partido comunista britânico, **Perry Anderson** se tornou, em março de 1963, editor do principal periódico do movimento: a *New Left Review*. A revista sofreu uma guinada brusca em sua linha de publicação, deixou de lado alguns dos debates políticos caros ao movimento nos anos anteriores – como o desarmamento atômico –, diminuiu a abertura para o debate em torno de aspectos socioculturais para enfocar em um debate teórico-metodológico marxista mais rígido. Nas páginas do veículo, Anderson e **Tom Nairn**, colaborador mais recente da revista, escreveram uma série de artigos onde não só se opunham a proposta de leitura histórica e política de Thompson como resgatavam uma leitura marxista mais mecânica da história britânica, com o peso da determinação econômica no desenvolvimento do capitalismo, da estruturação das classes e das ideologias no país.

A réplica de Thompson veio por meio de *As peculiaridades dos ingleses* (2012), texto redigido ainda na primeira metade dos anos 1960, no qual rebatia as concepções apresentadas pelos autores ao mesmo tempo em que fazia algumas provocações aos escritos de Anderson e Nairn. Nesse trabalho, criticou as interpretações e a maneira como seus detratores trabalhavam com categorias, como *classe* e *hegemonia*, além de salientar a abordagem mais tradicional, que desconsiderava as contribuições significativas de sociólogos e antropólogos quanto à cultura e a verificação empírica, no curso da história, dos modelos projetados na análise. Em um trecho em que examinava o entendimento de Anderson e Nairn a respeito da peculiaridade da *gentry*, grupo social que aliava uma cultura agrária e urbana, que emergiu como classe capitalista soberana na Inglaterra do século XVIII e vivenciou a problemática transposição para o capitalismo industrial no século XIX, foi enfático: "Se não há lugar para ela [a *gentry*, como classe social] no modelo, é este que deve ser abandonado ou refinado"

(Thompson, 2012, p. 95). Essa colocação exemplifica as críticas agudas que tecia às construções puramente teóricas, as quais, de certo modo, deveriam ser **flexibilizadas**, ou seja, colocadas à prova a partir da própria historicidade dos objetos e agentes investigados.

Nesse aspecto, um dos embates mais contundentes se deu em relação ao estruturalismo marxista elaborado por Althusser. Em suas conjecturas sobre a tradição de pensamento organizada a partir de Marx, o filósofo francês não só elaborou uma teoria do conhecimento avessa à apreciação empírica como acusou a inutilidade de uma apreciação marxista no estudo histórico como caminho para a construção de um conhecimento efetivo. Na análise do francês, "o marxismo, enquanto prática teórica e política, nada ganha com suas associações com a historiografia e a pesquisa histórica. O estudo da história não é sem valor apenas cientificamente, mas também politicamente" (Althusser, citado por Thompson, 1981, p. 10).

O historiador inglês respondeu às teses do filósofo com uma longa obra: *A miséria da teoria ou um planetário de erros*, lançada originalmente em 1978. À revelia do título, o trabalho constitui a principal obra teórica de Thompson. Ao longo do texto, o autor desconstrói a análise althusseriana ao passo que desenvolve suas próprias proposições, já presentes em seus escritos historiográficos e políticos anteriores. Thompson apresenta uma extensa argumentação a partir de ideais centrais do marxismo, como o materialismo histórico e a concepção de classe, ressaltando suas dimensões como **categorias eminentemente históricas**, isto é, articuladas de acordo com as particularidades de cada contexto e período temporal e sujeitas às tensões, mudanças e alterações dinâmicas das sociedades e à participação ativa dos indivíduos que as compõem.

Em conformidade com essa leitura, Thompson enfatiza a ideia de **experiência** como um **elemento-chave** no trabalho do historiador.

*Ernesto Sobocinski Marczal*

Esse conceito não só é central em sua própria produção como também constitui uma de suas principais contribuições, tanto à historiografia quanto ao desenvolvimento de uma crítica marxista renovada e avessa à ortodoxia do modelo comunista-stalinista da segunda metade do século XX. Para o historiador inglês, a experiência é "uma categoria que, por mais imperfeita que seja, é **indispensável ao historiador**, já que compreende a **resposta mental e emocional**, seja de um indivíduo ou de um grupo social, a muitos acontecimentos inter-relacionados ou a muitas repetições do mesmo tipo de acontecimento" (Thompson, 1981, p. 15, grifo nosso).

Nesses termos, a experiência compreende um processo que **só pode ser apreendido no transcorrer da história e que atua diretamente sobre ela**. Para Thompson, ela surge no ser social em virtude da capacidade dos homens e das mulheres de racionalizarem sobre aquilo que lhes acontece e também sobre o que ocorre no mundo à sua volta. A partir do instante em que os sujeitos passam a meditar sobre suas experiências, estas passam a agir sobre suas expectativas e interesses, acompanhar as mudanças do ser social e proporcionar questionamentos à consciência e ao pensamento social que apresentam – inclusive no sentido de provocar um exercício intelectual mais elaborado. Nesse sentido, a experiência passa a ser um elemento decisivo na **organização e conformação social dos indivíduos** em cada período e conjectura histórica (Thompson, 1981).

A apreciação da ideia de *experiência* como um produto humano é justamente uma das questões em que Thompson se opõe à leitura teórica de Althusser, especialmente na crítica tecida pelo filósofo em relação à história e à compreensão que elabora sobre a empiria:

> *O que descobrimos (em minha opinião) está em um termo que falta: "experiência humana". É esse, exatamente, o termo que Althusser e seus seguidores desejam expulsar, sob injúrias, do clube do pensamento, com*

*o nome de "empirismo". Os homens e mulheres também retornam como sujeitos, dentro desse termo – não como sujeitos autônomos, "indivíduos livres", mas como pessoas que experimentam suas situações e relações produtivas determinadas como necessidades, como interesses e como antagonismos, e em seguida "tratam" essa experiência em sua **consciência** e em sua **cultura** (as duas outras expressões excluídas pela prática teórica) das mais diversas maneiras (sim, "relativamente autônomas") e em seguida (muitas vezes, mas nem sempre, através das estruturas de classe resultantes) agem, por sua vez, sobre sua situação determinada.* (Thompson, 1981, p. 182, grifo do original)

Na parte VII da obra *A miséria da teoria ou um planetário de erros – "Intervalo: a lógica do trabalho histórico"* –, Thompson investe no debate a respeito de um método adequado de investigação dos artefatos históricos. Na visão do pesquisador, o estudo histórico como forma específica de construção e produção de conhecimento se pauta por uma lógica particular, ou seja, uma série de procedimentos rígidos de análise e compreensão da natureza disciplinar que moderam e legitimam o trabalho do historiador, as formas como interrogam as evidências e se articulam com acontecimentos reais e pressupostos teóricos. Como sintetiza o historiador britânico,

*Por "lógica histórica" entendo um método lógico de investigação adequado a materiais históricos, destinado, na medida do possível, a testar hipóteses quanto à estrutura, causação etc., e a eliminar procedimentos autoconfirmadores ("instâncias", "ilustrações"). O discurso histórico disciplinado da prova consiste num diálogo entre conceito e evidência, um diálogo conduzido por hipóteses sucessivas, de um lado, e a pesquisa empírica, de outro. O interrogador é a lógica histórica; o conteúdo da interrogação é uma hipótese (por exemplo, quanto à maneira pela qual os diferentes fenômenos agiram uns sobre os outros); o interrogado é a evidência, com suas propriedades determinadas.* (Thompson, 1981, p. 49)

*Ernesto Sobocinski Marczal*

Tais apreciações tratavam, mais precisamente, da concepção de história advogada pelo próprio Thompson, já aplicada em seus estudos e que compunha as premissas da proposta da "história vista de baixo" (Müller, 2007, p. 113). Nessa seção em especial, seguindo com sua visão de uma **lógica histórica**, Thompson organiza uma defesa do materialismo histórico em relação às propostas de Althusser. Para isso, separa sua argumentação em oito pontos, os quais acabam por aglutinar algumas de suas principais considerações sobre a disciplina histórica. Apesar de já termos explorado parte dessas ideias, resumimos os pontos apresentados por Thompson (1981, p. 49-60) nos tópicos enumerados a seguir. Desse modo, buscamos sintetizar e esquematizar alguns dos pensamentos que apresenta sobre a relação entre a historiografia e o marxismo:

1. Os fatos e as evidências, dotados de uma existência real, constituem o objeto imediato do conhecimento histórico. Contudo, só se tornam inteligíveis por meio da maneira como são abordados no interior da metodologia e da lógica de investigação histórica.

2. O conhecimento histórico, pela sua própria natureza, é provisório, incompleto, seletivo e limitado pelas perguntas feitas às evidências. Essas características o distanciam de outros paradigmas do conhecimento, mas nem por isso o tornam inverídico. Em vez disso, organizam o campo onde o conhecimento histórico é construído e onde pode ser considerado "verdadeiro". Por meio dessas considerações, Thompson (1981, p. 50) chegou a afirmar que estava "pronto a concordar que a tentativa de designar a história como 'ciência' sempre foi inútil e motivo de confusão".

3. A evidência histórica apresenta determinadas propriedades, por isso nem todas as perguntas que lhe são feitas são adequadas. Apesar de qualquer teoria poder ser proposta sobre o processo histórico, aquelas que não estão em conformidade com as determinações da evidência são falsas.
4. A relação entre o conhecimento histórico e seu objeto não pode ser compreendida de maneira que um esteja em função do outro. A relação entre a interrogação e a resposta é mutuamente determinante e deve ser compreendida como um diálogo.
5. O objeto do conhecimento histórico é a "história real", cujas evidências são sempre incompletas e imperfeitas. Aqui, o autor afirma sua concepção ontológica do real e do desenvolvimento da história, a qual, mesmo pautada pela obrigatória relação que tem com o presente, de onde parte o historiador e onde, inevitavelmente, estabelece suas análises e julgamento, mantém sua existência como processo. "Cada idade, cada praticante pode fazer novas perguntas à evidência histórica, ou pode trazer à luz novos níveis de evidência. Nesse sentido, a 'história' (quando examinada como produto da investigação histórica) se modificará, e deve modificar-se, com as preocupações de cada geração ou, pode acontecer de cada sexo, cada nação, cada classe social [sic]. Mas isso não significa absolutamente que os próprios acontecimentos passados se modifiquem a cada investigador, ou que a evidência seja indeterminada" (Thompson, 1981, p. 51).
6. A história como processo de investigação acarreta noções de causação, contradição, mediação e organização – por vezes, estruturação – sistemática da vida social, política, intelectual e econômica, cuja elaboração pertence à teoria histórica e que

*Ernesto Sobocinski Marczal*

são pensadas dentro da teoria. A teoria, porém, não constitui um domínio em si mesma. Ela deve ser concebida em relação à verificação empírica e às propriedades e particularidades da evidência, para então ser sustentada – ou não – no rigor da disciplina histórica. Nesse sentido, observa-se o que se poderia chamar de dialética do conhecimento histórico, segundo a qual uma tese (uma hipótese ou conceito) se depara com uma antítese (determinações objetivas não teóricas, ou seja, frutos da verificação empírica) e cuja confrontação resulta em uma síntese: o conhecimento histórico (comprovação ou rearticulação de novas hipóteses ou mecanismos de inquirição das evidências).

7. A diferença do materialismo histórico em relação a outras ordenações interpretativas da história não está necessariamente nas premissas epistemológicas, mas principalmente nas categorias, hipóteses características, nos procedimentos consequentes e na familiaridade conceitual que a história produzida sob o viés do materialismo histórico guarda em relação às práticas marxistas em outras disciplinas. Embora haja aspectos gerais do marxismo, não há uma área que sirva de sede à teoria marxista. O materialismo histórico, o objeto humano real, em todas as suas manifestações passadas e presentes, constitui o cerne do pensamento marxista. Sua compreensão não pode ser alcançada por meio de uma campanha individual, mas das análises empreendidas considerando as especificidades das diversas disciplinas, contempladas separadamente com base em conceitos unitários e que dialogam entre si. No caso da história, o exame do materialismo histórico, à luz dos conceitos marxistas, está submetido à lógica histórica que compõe a disciplina e avaliza a análise.

8. "Certas categorias e conceitos críticos empregados pelo materialismo histórico só podem ser compreendidos como categorias históricas" (Thompson, 1981, p. 56), ou seja, como categorias e conceitos elaborados no interior da história e para a compreensão do processo histórico. O mesmo ocorre com outras teorias e correntes de interpretação historiográfica. O objetivo da historia não é aplicar, testar e confirmar teorias, gerais ou particulares, mas reconstruir, explicar e compreender seu objeto primeiro: a história real. Em outras palavras, a história não é o palco para a afirmação da teoria, de regras ou leis gerais – estas, sim, é que devem ser experimentadas como instrumentos para a compreensão da história e a produção do conhecimento histórico.

Como salienta Silva (2012), as reflexões e os debates levados a cabo por Thompson não retomam apenas seu embate com outras vertentes de interpretação marxista, mas demarcam a **vinculação do pensamento do historiador com o próprio Marx**, em uma relação simultânea de inspiração e crítica. Para o historiador inglês, a lógica do capital não pode explicar o processo histórico real. Em determinado momento de *A miséria da teoria*, Thompson (1981, p. 186, grifo nosso) foi contundente ao afirmar que "o marxismo vem sofrendo há algumas décadas de uma devastadora doença do **economismo vulgar**". Era necessário pensar além. Do mesmo modo, o autor não compreende as classes, em especial a operária, como resultantes de um determinismo econômico ou da primazia última dos modos de produção. Em vez disso, propõe o exercício contrário: uma imperativa **avaliação desses conceitos a partir de seu próprio desdobramento dentro da história** (Thompson, 1981). Apesar de o autor ter se empenhado de modo mais efetivo nesses debates, tanto do ponto de vista político, em sua relação conflituosa com o partido comunista e a militância de esquerda, quanto nos meandros da historiografia, muitas das posições de Thompson eram comuns a outros pensadores marxistas contemporâneos, como os já lembrados Hobsbawm, Willians e Hill, com os quais parecia reivindicar uma nova posição dentro das tradições marxista e socialista. Fica claro que o trabalho e as reflexões historiográficas de Thompson são bastante representativos não apenas nas propostas dos pesquisadores ligados à nova esquerda inglesa, mas também em novos focos de abordagem dentro da produção historiográfica inspirada pelo pensamento marxista. Suas apreciações sobre a abordagem e a pesquisa historiográficas contribuíram para ampliar o escopo de reflexão dentro do saber histórico, principalmente com um olhar renovado para as ideias apresentadas pelo célebre estudioso alemão, voltadas a novas possibilidades de aproximação e diálogo com o pensamento marxista.

(2.4)
# LADURIE, GINZBURG E MICRO-HISTÓRIA

A proposta de uma "história vista de baixo", lançada por Thompson, ou a preocupação com uma história das classes subalternas, como assinalado por Hobsbawm, renderam frutos para além das perspectivas de inspiração marxistas apresentadas pelos autores no contexto inglês: **renovação acadêmica do pensamento histórico e conformação de novas questões no interior dos movimentos políticos de esquerda.** É o caso, por exemplo, das abordagens microscópicas, desenvolvidas entre pesquisadores alocados em diferentes espaços, como a Itália e a França, que, mesmo sem relação direta com as propostas emergentes da nova esquerda, dialogavam com esta ao fazer uso das percepções clássicas da análise marxista.

**Jim Sharpe**, ao debater as vertentes de investigação histórica levantadas por pesquisadores britânicos, não hesitou em assinalar que outros trabalhos, direcionados aos mais diversos enfoques, lograram êxito em estabelecer uma análise familiar a essa proposta em linhas diferentes, ou sob perspectivas de investigação que avançavam em relação aos desafios de uma pesquisa ancorada no pensamento marxista, nas noções de classe trabalhadora, na predominância dos fatores econômicos e na égide do materialismo histórico.

Nesse sentido, a prática de uma "história vista de baixo", ao romper ou transpassar as limitações de um marxismo ortodoxo, como já indicavam os autores ingleses, possibilitava a **profusão de novos olhares para atores sociais e perspectivas de investigação** normalmente negligenciadas pelo marxismo. É o caso, por exemplo, da análise cultural, dos pensamentos articulados dentro das classes populares – para além daqueles compreendidos no seio de uma classe trabalhadora ou operária nascente –, do olhar voltado às **mulheres**[1], aos camponeses, aos loucos, aos rejeitados, entre outros sujeitos excluídos da história. Em relação aos trabalhos que conseguiram examinar com sucesso alguns desses personagens, Sharpe não hesitou em citar dois estudos de autores não britânicos.

---

## ❶ Atenção!

Embora a organização de uma história das mulheres tenha também bebido na fonte do marxismo, suas áreas de inspiração são muito mais amplas e direcionaram duras críticas às análises características do pensamento delineado pelo famoso filósofo alemão. Nesse sentido, o engajamento político, particularmente no movimento feminista, também foi de particular importância na sua organização. O desenvolvimento dos questionamentos sobre a mulher também contribuiu para a afirmação de uma nova vertente de análise na história e demais investigações do humano: o gênero.

*Ernesto Sobocinski Marczal*

O primeiro, considerado um exemplo de estudo histórico nessa perspectiva (Sharpe, 2011), foi *Montaillou, povoado occitânico, 1224--1324,* do francês **Emmanuel Le Roy Ladurie**, historiador de destaque no movimento dos Annales. A obra se foca na pequena comunidade camponesa da aldeia de Montaillou, no sudoeste da França, no início do século XIV. O local, em meio à montanhosa região dos Pirineus, foi um dos espaços onde a heresia cátara teve influência considerável e, por isso, foi alvo da inquisição da Igreja francesa. Foram justamente as notas do bispo local, Jacques Fournier, responsável por investigar e punir os heréticos, que permitiram que Le Roy Ladurie tivesse acesso aos camponeses. Os registros dos interrogatórios, fontes centrais à pesquisa, foram encarados pelo historiador como espécies de gravações de entrevistas, nas quais os sujeitos – suspeitos e testemunhas – tinham a possibilidade de manifestar suas próprias impressões sobre sua realidade e o mundo à sua volta. De uma maneira simples, esses documentos constituíam uma das raras oportunidades do historiador de lidar com relatos de pessoas comuns, dados, relativamente, por elas mesmas, e não sob o olhar de terceiros[1].

---

### ❶ Atenção!

Embora o resgate do povo – dos sujeitos comuns – seja uma das forças do livro, é importante destacar que a abordagem concedida às fontes consistiu em um dos pontos em que se concentrou a maior parte das críticas. Na introdução, o autor chegou a destacar a necessidade de "olhar direito: o testemunho, sem intermediário, que o camponês dá de si mesmo" (Ladurie, 1997, p. 11). Contudo, o fato é que, por mais que os registros aos quais ele teve acesso sejam a compilação das falas desses camponeses, elas não compõem um relato espontâneo. Os aldeões faziam seus depoimentos

> em seu idioma local, enquanto os escritos foram feitos em latim. Além disso, as condições em que os relatos foram produzidos não eram de uma simples conversa ou entrevista, como chegou a supor o autor, mas de um interrogatório em que pairava a ameaça da tortura diante da insatisfação com a sessão conduzida de perguntas e respostas (Burke, 2010, p. 109).

Para Burke (2010), uma das inovações desse trabalho reside no esforço de Le Roy Ladurie em redigir um estudo histórico da comunidade camponesa em um **sentido claramente antropológico**, com a preocupação de traçar um retrato da aldeia a partir dos próprios habitantes. Do mesmo modo, seu texto permite um **olhar interno sobre um universo social mais amplo** – no caso, a sociedade do sul da França medieval, mas, ainda assim, carente de uma melhor definição entre uma vasta gama de opções –, no qual esses habitantes se inseriam e o qual representavam. Não por acaso, seu trabalho poderia ser resumido na proposta metafórica atribuída ao autor de estudar "o oceano através de uma gota d'água" (Burke, 2010, p. 109).

O segundo exemplo é um trabalho ainda mais particular, contemporâneo a *Montaillou*. Trata-se de *O queijo e os vermes*, de autoria de um dos principais expoentes da historiografia italiana do século XX, **Carlo Ginzburg**. Assim como Le Roy Ladurie, Ginzburg se utiliza dos documentos inquisitórios para tratar de um objeto particular em uma escala ainda mais diminuta. Se *Montaillou* desejava dar voz a um grupo reduzido de aldeões para analisar a Idade Média com uma lupa, *O queijo e os vermes* traz à tona a vida de uma única personagem para discutir o período: Domenico Scandella, mais conhecido por Menocchio. Como destacou o próprio Ginzburg (2006, p. 11), tratava-se de um moleiro de Friuli, na região norte da Itália, que "foi queimado por ordem do Santo Ofício, depois de uma vida transcorrida em total anonimato".

> ## Saiba mais!
>
> O trabalho de Ginzburg se tornou um marco na produção historiográfica do século XX. As ideias e os estudos do historiador italiano ganharam notoriedade e influência, sobretudo nas análises voltadas ao elemento cultural, no tratamento minucioso de fontes, personagens obscuros e pouco explorados. A metodologia de investigação e as concepções de história do autor são abordadas no livro *Mitos, emblemas, sinais*, no qual apresenta sua proposta de investigação histórica, nomeada de *paradigma indiciário*. GINZBURG, C. **Mitos, emblemas, sinais:** morfologia e história. São Paulo: Companhia das Letras, 1990.

O historiador italiano se utilizou, principalmente, de dois longos processos abertos contra o moleiro em um intervalo de quinze anos, além de outros documentos de onde extraiu indícios sobre sua ocupação, suas atividades econômicas e sua vida particular e familiar. Além disso, teve contato com umas poucas páginas redigidas pelo próprio Menocchio e uma estimativa de suas leituras, o que remetia ao importante dado de que ele sabia ler e escrever. O autor, contudo, **reconhecia as limitações de suas fontes**, as quais, mesmo proporcionando o estudo de uma figura ao mesmo tempo popular e peculiar, sobretudo em uma temporalidade em que a escassez ou mesmo a inexistência de registros sobre as pessoas comuns era a regra, não retratavam Menocchio espontaneamente, tampouco constituíam um produto de sua própria expressão. Ainda assim, o autor salienta que o material proporcionava a rara oportunidade de **reconstruir um fragmento daquilo que poderia ser entendido como *cultura popular* ou *cultura das classes subalternas*.**

Quanto aos desafios teórico-metodológico e ideológico de lidar com documentos permeados por uma ampla gama de "filtros e intermediários deformadores", Ginzburg (2006, p. 16, grifo nosso) afirmou que "**o fato de nenhuma fonte ser objetiva não significa que seja inutilizável**". Em contraponto a outros pesquisadores que se dedicaram, de algum modo, à investigação dos excluídos ou dos critérios de exclusão, o autor revelou a necessidade de investir nesses personagens e de buscar mecanismos para agir sobre a cultura popular – por mais que os relatos e a ação investigativa constituíssem, em algum nível, uma espécie de violência contra as expressões desses sujeitos e de sua cultura, submetidos a critérios de análise e cognição impostos por uma análise racional externa. Nesse sentido, Ginzburg se opõe à posição de Foucault e de uma série de historiadores, temerosos de que a ação interpretativa e analítica sobre os registros desses personagens ou suas expressões incorresse em uma forma de violência que os descaracterizasse, alterasse e reduzisse a uma razão estranha a eles. Para Ginzburg (2006, p. 17, grifo nosso), essa recusa desembocaria em um "**irracionalismo estetizante**", e o medo de se arriscar em uma investigação desse tipo induziria muitos historiadores a "jogar a criança fora com a água da bacia – ou, deixando de lado as metáforas, a cultura popular junto com a documentação que dela nos dá uma imagem mais ou menos deformada" (p. 16).

Porém, adiante dos debates a respeito das possibilidades de pesquisa fornecidas pelos documentos e das limitações ao redor da interpretação da cultura popular com base em registros, o autor extrai de uma investigação originalmente concebida ao redor de um único indivíduo uma hipótese geral para a questão da cultura popular na

Europa pré-industrial do período, marcada pela Reforma Protestante, pela invenção da imprensa e pela dura repressão da Igreja. Inspirado na interpretação construída pelo crítico literário russo **Mikhail Bakhtin** sobre o carnaval e a Renascença, elaborada em análise das obras de Rabelais, Ginzburg depurou o conceito de **circularidade**, por meio do qual buscou problematizar a relação entre a cultura popular, própria das classes subalternas, e uma cultura dominante, atinente aos grupos hegemônicos – mais precisamente com base no influxo recíproco de uma sobre a outra, em diferentes formas e manifestações. Ou seja, uma influência circular, cujo movimento ocorre tanto de cima para baixo, partindo da cultura dominante, quanto de baixo para cima, partindo da cultura popular.

---

### Saiba mais!

A obra de Bakhtin trouxe uma série de reflexões inéditas ao estudo da linguagem sob uma vertente de inspiração marxista no primeiro quarto do século XX, influenciando diversas áreas do conhecimento. Uma de suas obras mais conhecidas e impactantes é *A cultura popular na Idade Média e no Renascimento*, na qual apresenta uma abordagem inovadora – e praticamente inexplorada – sobre o desenvolvimento da cultura cômica popular em um diálogo constante com outras manifestações do período (eruditas, religiosas e festivas). Bakhtin apresenta ainda uma notória ampliação do conceito de *cultura*, da apreciação de documentos literários e do trabalho com a linguagem.

BAKHTIN, M. **A cultura popular na Idade Média e no Renascimento**. 3. ed. São Paulo: Hucitec; Brasília: Ed. da UnB, 1996.

Porém, enquanto no estudo de Bakhtin os protagonistas da cultura popular sobre a qual ele se propôs a descrever – majoritariamente camponeses e artesãos – só estão presentes por meio dos escritos de Rabelais, a investigação de Ginzburg sobre o processo imputado contra Menocchio o colocou em contato direto com um desses personagens. Ainda que o moleiro estivesse longe de figurar como um tipo comum de Friuli, ele apresentava, por uma série de fatores (inclusive aqueles que o levaram à morte na fogueira inquisitorial), várias similaridades com a ampla gama de sujeitos aglutinados sob as classes populares e, sobretudo, pertencentes a uma mesma temporalidade. Duas passagens no texto de Ginzburg (2006, p. 20) retratam bem o entendimento do autor a respeito dessa questão:

> Aos olhos dos conterrâneos Menocchio era um homem, ao menos em parte, diferente dos outros. Mas essa singularidade tinha limites bem precisos: da cultura do próprio tempo e da própria classe não se sai a não ser para entrar no delírio e na ausência de comunicação. Assim como a língua, a cultura oferece ao indivíduo um horizonte de possibilidades latentes – uma jaula flexível e invisível dentro da qual se exercita a liberdade condicionada de cada um.

E, pouco adiante, complementa:

> Algumas investigações confirmam a existência de traços que reconduzem a uma cultura camponesa comum. Em poucas palavras, mesmo um caso-limite (e Menocchio certamente o é) pode se revelar representativo, seja negativamente – porque ajuda a precisar o que se deva entender, numa situação dada, como "estatisticamente mais frequente" –, seja positivamente – porque permite circunscrever as possibilidades latentes de algo (a cultura popular) que nos chega apenas através de documentos

*Ernesto Sobocinski Marczal*

*fragmentários e deformados, provenientes quase todos de "arquivos da repressão".* (Ginzburg, 2006, p. 21)

Nesses termos, Ginzburg empreende não só uma defesa do estudo que realiza sobre o moleiro, mas assinala a **necessidade de os historiadores se aventurarem em pesquisas semelhantes**, que objetivam **analisar um espectro mais extenso de relações**, no caso, no âmbito da cultura, a partir da **interpretação de documentos pouco usuais e personagens ainda obscuros das classes subalternas.** Na visão do autor, trata-se do investimento em uma **pesquisa qualitativa**, não no sentido de uma mera recusa dos trabalhos quantitativos, calcados no levantamento e na amostragem de uma longa série de dados, mas na complementação de aspectos e particularidades dos quais eles não podem dar conta, de modo a abrir margem para novos problemas e variáveis.

Novamente, a aproximação do posicionamento do autor com a **antropologia cultural** é notável, particularmente quanto ao debate a respeito dos problemas ao redor do termo *cultura* e de seu emprego, assim como de suas categorias e divisões internas. Entretanto, o diálogo com outras abordagens também é bastante presente. Observa-se o debate em torno das proposições de Foucault, com autores e perspectivas de investigação próprias da historiografia delineada pelos Annales, como na temática em torno do enfoque cultural e da proposição de uma história das mentalidades, ou mesmo nas abordagens das classes subalternas apresentadas por alguns autores marxistas, como a explorada por Thompson.

Nesse último aspecto, é notável a afluência das apreciações de inspiração marxistas no pensamento do autor. Além do peso destinado à perspectiva de *classe* presente, por exemplo, na constatação de diferentes níveis de cultura, parte das ideias centrais trabalhadas pelo historiador ao longo do estudo é fruto das leituras e das pontes que Ginzburg estabelece com alguns autores marxistas. Podemos verificar isso no próprio desenvolvimento do conceito de *circulari-dade*, organizado a partir das considerações de Bakhtin, e no uso da concepção de *hegemonia*, cuja reflexão nos remete a Gramsci, um de seus conterrâneos marxistas mais conhecidos.

Mesmo ao enveredar por caminhos bastante distintos, a contri-buição do pensamento e das reflexões de inspiração marxista são sentidas de formas diversas em Ginzburg, seja na temática voltada ao estudo das classes subalternas, mesmo sob a representatividade ímpar de Menocchio, seja pelo aporte teórico e conceitual que embasa suas conjecturas e teses mais amplas sobre a cultura no período.

Se esses estudos de Le Roy Ladurie e Ginzburg podem ser com-preendidos a partir da proposta de uma "história vista de baixo" organizada a partir de aspectos de particular importância a alguns pesquisadores da nova esquerda, são ainda mais significativos no interior de uma nova perspectiva de investigação bastante influente: a **micro-história**.

Diante dos problemas de pesquisa que tomaram forma no quarto final do século XX, a micro-história irrompeu mais como uma **pro-posta metodológica** do que necessariamente como uma nova con-cepção ou um novo entendimento da investigação histórica. Em parte, tal percepção se deve à **composição heterogênea** da microanálise, proveniente de uma multiplicidade de experiências de pesquisa, o que dificulta uma delimitação ou, ao menos, uma orientação geral quanto aos seus alicerces teóricos fundamentais. De acordo com **Giovanni Levi** (2011, p. 135), a "micro-história é essencialmente uma prática historiográfica em que suas referências teóricas são variadas e, em certo sentido, **ecléticas**[1]".

*Ernesto Sobocinski Marczal*

## ❶ Atenção!

Entre essas referências "ecléticas", podemos destacar como exemplos a psicologia, a psicanálise, a história da arte e a literatura. Desta última, inclusive, podemos observar uma forte influência na construção narrativa dos trabalhos que os distancia dos formatos tradicionais do texto proveniente da pesquisa e os aproxima de diferentes gêneros de escrita literária.

Ainda assim, podemos identificar alguns aspectos comuns a essa produção. **Jacques Revel** (1998), por exemplo, mesmo após afirmar que a abordagem se tornou um dos lugares importantes ao debate epistemológico no interior da disciplina histórica, constatou que **a adesão à micro-história foi relativamente restrita**, concentrando-se em um grupo reduzido de historiadores, instituições e programas de pesquisa. Embora as interpretações e problemáticas não sejam homólogas, é notável o pioneirismo de pesquisadores italianos, como Ginzburg e Levi, no seu desenvolvimento. Nesses termos, constatamos uma variedade de enfoques e motivações que incentivaram a investida, como a revisão e a crítica da produção historiográfica contemporânea, ou as novas leituras e propostas que mobilizavam os movimentos políticos de esquerda, assim como as análises de inspiração marxista. Diante tanto de uma indefinição quanto do diálogo com diferentes correntes, a **interdisciplinaridade** se apresenta como um primeiro elemento recorrente à prática micro-histórica.

A **antropologia** é, sem dúvida, uma das áreas de maior aproximação e intercâmbio entre os adeptos dessa proposta historiográfica. Em períodos diferentes, tanto Levi (2011) quanto Revel (1998) salientaram a influência dessa disciplina nos estudos dos micro-historiadores, particularmente no debate a respeito da questão central da cultura. Entre os antropólogos, podemos destacar as referências aos trabalhos de **Claude Lévi-Strauss** e, de forma mais intensa, as proposições de **Clifford Geertz**. A respeito deste último, Giovanni Levi (2011) ressaltou a pertinência do procedimento da **descrição densa**, perspectiva considerada pelo antropólogo estadunidense, como a mais adequada ao trabalho etnográfico, um instrumento pertinente à tarefa do historiador na prática da microanálise. Para Levi (2011), a descrição densa é muito válida como um artifício que permite ao pesquisador identificar e investir sobre um conjunto de sinais significativos para tentar organizá-los em uma estrutura inteligível, ao invés de partir de uma série difusa de observações e conjecturas sobre as quais procura imprimir uma teoria geral, normalmente já definida de antemão. Na definição do historiador italiano,

> *A descrição densa serve portanto para registrar por escrito uma série de acontecimentos ou fatos significativos que de outra forma seriam imperceptíveis, mas que podem ser interpretados por sua inserção no contexto, ou seja, no fluxo do discurso social. Essa abordagem é bem-sucedida na utilização da analise microscópica dos acontecimentos mais insignificantes, como um meio de se chegar a conclusões de mais amplo alcance.* (Levi, 2011, p. 144)

---

### Saiba mais!

Para conhecer melhor a análise antropológica de Geertz, sua compreensão do conceito de cultura e proposta da descrição densa, indicamos a leitura da célebre obra *A interpretação das culturas*. GEERTZ, C. **A interpretação das culturas**. Rio de Janeiro: LTC, 2008.

---

*Ernesto Sobocinski Marczal*

Além do método de estudo projetado por Geertz, Levi também salienta a **interpretação plural de cultura** apresentada pelo pesquisador norte-americano, avesso a uma perigosa hierarquização de expressões e conjuntos culturais diversos. Contudo, o historiador italiano salienta as diferenças entre a abordagem histórica e antropológica, tanto no contato com relação ao objeto quanto aos problemas dos quais se ocupam. Com isso, critica a postura de Geertz no sentido de que a especificidade excessiva e a recusa a qualquer elaboração comparativa, sobretudo por meio da construção de argumentos racionalistas, sob o risco latente de uma classificação estratificada e vertical, impossibilita a identificação de mecanismos cognitivos gerais e uniformes que permitam a aceitação da relatividade cultural. Para ele, o relativismo absoluto limita as possibilidades dos investigadores de conhecer a realidade, condenando-os a um "jogo infinito e gratuito de interpretar as interpretações" (Levi, 2011, p. 151).

Levi ainda observa que uma das maiores diferenças da perspectiva micro-histórica em relação à antropologia interpretativa de Geertz consiste na visão que cada uma apresenta sobre os sinais e símbolos públicos. Enquanto a antropologia enxerga nesses um significado homogêneo, em um contexto unificado dentro do qual os atores delimitam suas escolhas dos símbolos antes de torná-los próprios em um âmbito privado, a abordagem micro-histórica procura tomá-los e mensurá-los de acordo com a **multiplicidade das representações sociais** em que se encontram. Tal postura se relaciona à percepção da **pluralidade**, à **contrariedade** e mesmo à **ambiguidade** das experiências e representações sociais a partir das quais os sujeitos constroem o mundo e modelam suas ações (Revel, 1998). Tanto o funcionamento da racionalidade humana quanto a quantidade de informações necessárias à definição e à organização da cultura são historicamente – temporalmente, portanto – **mutáveis e socialmente variáveis**, elementos que não podem escapar da atenção do historiador, mas que não necessariamente estão no espectro de observação do antropólogo. Ao considerar o arcabouço das estruturas simbólicas públicas como uma abstração, Levi conclui que o problema a ser enfrentado pelo micro-historiador reside na **multiplicidade de representações fragmentadas e distintas** produzidas com base nessas estruturas em contextos de condições sociais diferentes (Levi, 2011).

Em sintonia com essas questões está uma das articulações centrais da micro-história em sua definição mais ampla: **a alternância das escalas de observação**. A referência ao termo *micro*, presente já no nome que a caracteriza, denota a importância do tema na perspectiva de análise proposta pela abordagem. Em sua definição mais simples, Levi nos apresenta a micro-história "como uma prática essencialmente baseada na redução da escala da observação, em uma análise microscópica e em um estudo intensivo do material documental" (Levi, 2011, p. 138). Embora pareça uma compreensão fácil, essa concepção apresenta uma série de problemas, sobretudo no risco de afastá-la de temáticas de pesquisa mais amplas, incorrendo em um estudo isolado e desconexo de um indivíduo ou objeto – ou, ainda, de localizar na própria alternância das escalas o objeto central de estudo enquanto, na verdade, ele se configura como um instrumento analítico que permite ao historiador ter contado com experiências diferentes, particulares dos próprios indivíduos, sob a crença de que o olhar microscópico revelaria fatores invisíveis até então. De acordo com Levi (2011, p. 43), "os fenômenos previamente considerados bastante descritos e compreendidos assumem significados completamente novos, quando se altera a escala de observação". Nesses termos, o exercício de redução ou ampliação da escala serve como uma

*Ernesto Sobocinski Marczal*

**ferramenta analítica**, que permite observar as contradições de um sistema tido como sólido e unificado ou mesmo significados ocultos de pontos considerados anômalos ou estranhos. De todo modo, não é a escala o ponto de interesse do historiador, mas, sim, o **objeto** que ele se propõe a visualizar através dela.

A atenção sobre um determinado personagem em um período e em contextos históricos particulares não significa uma recusa em relação a questões ou problemas mais amplos, ou que a proporção da escala esteja obrigatoriamente ligada às dimensões do objeto – como o caso da relação entre a cultura popular e hegemônica delineada por Ginzburg – mas, principalmente, uma **nova forma de trabalho**. Segundo Revel (1998, p. 20), "variar a objetiva não significa apenas aumentar (ou diminuir) o tamanho do objeto no visor, significa modificar sua forma e sua trama". Em síntese, a alteração da escala permite ver uma nova perspectiva, modificar a escolha daquilo que é representável, e, muitas vezes, observar flutuações e variações que desconstroem explicações simplistas e esquemáticas para revelar tessituras socioculturais mais complexas. Revel (1998) defende que essa proposta também vem na contramão de uma hierarquização – não só da escala, mas também da pertinência do problema – muito comum à disciplina histórica, na qual um objeto local só pode produzir uma história regional, ou um objeto nacional uma história nacional – e assim por diante. Para Revel (1998, p. 27), o jogo de escalas próprio da microanálise permite aos historiadores não só uma análise "ao nível do chão", mas lhes possibilita **inverter o procedimento habitual de observação e interpretação**, partindo de um contexto global, comum ao historiador. Com isso, a micro-história não só subverte essas divisões sobre o conhecimento histórico como também busca compreender a história social como um conjunto de inter-relacionamentos cujas configurações estão em permanente adaptação.

As questões e os debates ao redor da abordagem micro-histórica são, sem dúvida, muito mais extensos e abrangentes, mas só pudemos nos ocupar muito brevemente de alguns deles. Ainda que o arcabouço de referências seja amplo e heterogêneo, nos apoiamos nas indagações e posições sinalizadas por Levi (2011, p. 162) como elementos característicos à prática micro-histórica: "a redução da escala, o debate sobre a racionalidade, a pequena indicação como um paradigma científico, o papel do particular (não, entretanto, em oposição ao social), a atenção à capacidade receptiva e à narrativa, uma definição específica do contexto e a rejeição do relativismo".

Embora também inspirada nas reflexões marxistas, particularmente da renovação da história social e do movimento de aproximação com o universo cultural empreendido por parte dos pensadores engajados em novas perspectivas de ação política de esquerda, os historiadores envolvidos com o projeto da micro-história buscavam uma **renovação do campo de pesquisa**, uma abertura e uma revisão dos estudos para além das determinações estruturais. Em grande parte, os problemas que permearam o marxismo se fizeram sentir também nessa prática historiográfica, assim como em outras vertentes e compreensões que proliferaram no quarto final do século XX e que serão mais exploradas no capítulo a seguir.

## Síntese

Neste capítulo, verificamos a influência das ideias de Marx e Engels sobre as ciências sociais e humanas ao longo do último século, sobretudo na construção de perspectivas críticas de história, preocupadas com o estudo de diferentes grupos socioeconômicos, sua composição ao longo do tempo e embates e antagonismos na defesa de interesses de classe e projetos políticos e sociais. Debatemos brevemente como alguns dos conceitos mais importantes ao marxismo foram empregados na elaboração de análises históricas – particularmente a noção mais abrangente do materialismo histórico e a concepção de luta de classes, geralmente compreendidos como processos motores das sociedades humanas. Nesse sentido, acompanhamos alguns dos principais questionamentos e discussões ao redor da dinâmica entre base e superestrutura, muitas vezes tomada como sinônimo de uma determinação das condições econômicas e das relações de produção sobre as demais expressões sociais e culturais das sociedades humanas. Ao empreender essa dinâmica sobre uma análise histórica, percebemos que ela não pode ser simplesmente submetida a modelos explicativos previamente estipulados, mas deve ser examinada em sua historicidade particular.

Depois disso, direcionamos nosso olhar para a experiência britânica, na qual a abordagem histórica de inspiração marxista ganhou bastante destaque, sobretudo com o surgimento da nova esquerda, na atuação política e nos estudos empreendidos por pesquisadores, como Eric Hobsbawm e E. P. Thompson. Detivemo-nos de modo particular em diversas proposições de Thompson, como o diálogo crítico com as ideias de Marx e a ênfase na apreciação sociocultural, além das propostas de investigação voltadas às classes populares, com o exame das particularidades históricas no processo de formação da classe e de uma consciência de classe entre os trabalhadores ingleses.

Também salientamos a proposta de uma "história vista de baixo" e de outras expressões fora da Inglaterra, a exemplo da micro-história italiana, por meio da qual o jogo de escalas emergiu como ferramenta analítica fundamental para analisar questões muitas vezes invisíveis em análises realizadas sob olhares macroscópicos.

# Atividades de autoavaliação

1. Leia a passagem a seguir:

*Para os alemães despojados de qualquer pressuposto, somos obrigados a começar pela constatação de um primeiro pressuposto de toda a existência humana, e portanto de toda a história, ou seja, o de que todos os homens devem ter condições de viver para poder "fazer a história". Mas, para viver, é preciso antes de tudo beber, comer, morar, vestir-se e algumas outras coisas mais. O primeiro fato histórico é, portanto, a produção dos meios que permitem satisfazer essas necessidades, a produção da própria vida material; e isso mesmo constitui um fato histórico, uma condição fundamental de toda a história que se deve, ainda hoje como há milhares de anos, preencher dia a dia, hora a hora, simplesmente para manter os homens com vida.* (Marx; Engels, 2001, p. 21)

As reflexões do pensador alemão Karl Marx exerceram e ainda exercem grande influência nas ciências humanas e sociais – entre elas, a história. Sobre a concepção marxista de *história*, assinale as alternativas corretas.

a) A concepção da luta de classes como motor da história foi atribuída indevidamente ao marxismo, para o qual as transformações históricas decorrem apenas das ações sociais de indivíduos livres de pressões sociais.

b) O marxismo defende, teoricamente, uma postura neutra do historiador diante da sociedade e do conhecimento produzido sobre ela e, assim, nega uma validade prática a suas próprias concepções e convicções políticas.

c) As sociedades, para Marx, não podem ser compreendidas sem um estudo pormenorizado de sua base econômica, cujo entendimento implica na análise da sua organização material para a produção da sobrevivência humana em cada contexto social.

d) A história, para Marx, é feita por todos, principalmente os trabalhadores, em uma concepção que rompe com a ideia, bastante comum no século XIX, de que a história é feita apenas pelos "grandes homens".

2. Em relação às propostas sociológicas de Marx e Engels, analise as proposições a seguir:

i) A capacidade do homem de produzir seus meios de vida não só o distingue dos animais como também fundamenta suas relações sociais.

ii) No *Manifesto comunista*, Marx e Engels refutam o embate de classes como elemento integrante do processo histórico e revolucionário, enfatizando que somente a ação individual de sujeitos alocados em posições estratégicas da sociedade, com o suporte dos trabalhadores, poderia conduzir a transformações efetivas na sociedade capitalista.

iii) Engels foi um dos responsáveis por designar a compreensão da história de Marx como materialismo histórico, na qual atribuía aos fatores econômicos e às relações de produção um papel preponderante no desenrolar dos acontecimentos históricos.

iv) O capitalismo transformou as relações de trabalho ao convertê-lo em salário e alienar dos indivíduos o poder ou a posse sobre os meios de produção, além de converter a força de trabalho em uma espécie de mercadoria.

São corretas:

a) i e ii.
b) iii e iv.
c) i, iii e iv.
d) i, ii e iii.

3. Observe as afirmativas a seguir e assinale V para as alternativas verdadeiras e F para as falsas.

( ) A nova esquerda inglesa se organizou em parte por conta de uma dissidência de diversos pesquisadores ligados ao grupo de historiadores do Partido Comunista da Grã-Bretanha. Além de defender uma visão de história mais ampla e voltada às camadas populares, sem o enfoque preponderante sobre o partido como grande condutor do processo revolucionário, a nova esquerda também apresentava severas discordâncias com relação aos rumos políticos apresentados pelos dirigentes partidários.

( ) A historiografia marxista ganhou força nas décadas seguintes à Segunda Guerra Mundial, mas as experiências do confronto foram pouco significativas para o trabalho dos historiadores, já que esses deveriam se abstrair de qualquer posicionamento político durante a atividade de produção historiográfica.

( ) Os estudos fomentados pela nova história propuseram a análise dos fenômenos com base na primazia da teoria marxista sobre o processo histórico, que deveria ser compreendido à luz de modelos de interpretação definidos *a priori*.

( ) Os autores comprometidos com as discussões propostas pela nova esquerda contribuíram com a renovação da abordagem marxista, particularmente ao atribuir uma maior relevância analítica às expressões culturais populares.

( ) O interesse pelas expressões culturais e sociais dos indivíduos no interior do processo histórico, para além das restrições de classe, contribuiu para que o movimento da nova esquerda difundisse uma abordagem conhecida como *socialismo humanista* ou *marxismo cultural*.

4. Sobre as propostas e os posicionamentos de alguns dos autores marxistas estudados neste capítulo, assinale a afirmativa **incorreta**:

a) Em *A miséria da teoria*, Thompson expressa seu desacordo com relação à leitura marxista proposta por Althusser. Nesse processo, ele ressalta que categorias centrais ao marxismo, como o materialismo histórico e a concepção de *classe*, são construções eminentemente históricas, sujeitas às particularidades de cada contexto, recorte temporal e social.

b) Para Michel Löwy, a força do pensamento de Marx reside em sua qualidade ao mesmo tempo crítica e emancipadora. Para o autor, essas características mantêm a pertinência das reflexões de Marx, que devem ser analisadas criticamente e cujas contribuições para a análise social não podem ser simplesmente ignoradas.

c) O filósofo italiano Antonio Gramsci aliou a militância política à reflexão marxista. Durante o período em que permaneceu na prisão sob o regime fascista, o autor escreveu seus célebres *Cadernos do cárcere*, no qual discorre sobre temas diversos e apresenta uma leitura bastante particular e influente sobre o conceito de *hegemonia*.

d) Apesar de manter um diálogo aberto com autores egressos do Partido Comunista britânico e que fundaram a nova esquerda, Eric Hobsbawm foi um severo opositor da proposta de uma "história vista de baixo", salientando, inclusive, a impossibilidade de se realizar uma história das classes subalternas.

5. Leia atentamente as afirmativas a seguir:

01) A proposta de uma "história vista de baixo" possibilitou aos historiadores a investigação de personagens até então amplamente excluídos ou marginalizados, como os negros, as mulheres e as classes populares.

02) O célebre trabalho de Carlo Ginzburg, *O queijo e os vermes*, se notabilizou como um estudo fundamental dentro da abordagem micro-histórica ao colocar em cena as relações sociais e culturais do período medieval italiano a partir da ótica de um personagem investigado pela inquisição: o moleiro Domenico Scandella, mais conhecido como Menocchio.

04) Assim como o trabalho de Ginzburg, a obra de Emmanuel Le Roy Ladurie, *Montaillou*, também pode ser considerada um estudo dentro da proposta da micro-história, pois atenta para o medievo francês e a relação com a religião em uma pequena comunidade camponesa.

08) A "história vista de baixo" surgiu como uma perspectiva de investigação que reafirma as leituras ortodoxas da historiografia marxista, pois focava apenas nos personagens que compunham as classes trabalhadoras e eram fundamentais à organização revolucionária do movimento operário.

16) A aproximação com a antropologia é refutada por ambas as vertentes de investigação histórica, sobretudo em relação ao procedimento da descrição densa elaborado por Geertz.

Agora, assinale a alternativa que contém a somatória dos itens corretos:

a) 3
b) 7
c) 12
d) 23

# Atividades de aprendizagem

## Questões para reflexão

1. Entre os estudiosos ligados à nova esquerda, E. P. Thompson se destacou pela crítica ferrenha aos autores que defendiam uma primazia da teoria marxista sobre a averiguação empírica das experiências históricas, dotadas de suas peculiaridades e caracterizações particulares. Embora o debate tenha se desenvolvido principalmente em relação a alguns pensadores contemporâneos, sobretudo Althusser, também dialogou com alguns conceitos-chave da tradição marxista, como as ideias de classe e consciência de classe. Qual era a visão de Thompson sobre esses conceitos? De que formas sua compreensão histórica das ideias de Marx se distinguia das percepções marxistas tradicionais?

2. Neste capítulo, chamamos a atenção para duas propostas de investigação bastante presentes hoje: a "história vista de baixo" e a microanálise. Explique como ambas dialogam entre si e analise alguns dos fundamentos teóricos-metodológicos que sustentam o viés de estudo da micro-história.

## Atividade aplicada: prática

Duas das principias propostas de investigação exploradas até aqui foram a "história vista de baixo" e a micro-história. Sobre esses temas, realize um fichamento dos seguintes textos atentando para as principais reflexões dos autores sobre a análise de grupos sociais populares e subalternos:

GINZBURG, C. Prefácio à edição italiana. In: GINZBURG, C. **O queijo e os vermes**: o cotidiano e as ideias de um moleiro perseguido pela Inquisição. São Paulo: Companhia das Letras, 2006. p. 11-26.

THOMPSON, E. P. A história vista de baixo. In: THOMPSON, E. P. **As peculiaridades dos ingleses e outros artigos**. 2. ed. Campinas: Ed. da Unicamp, 2012. p. 185-201.

Capítulo 3
História e pós-modernidade: debates sobre a construção do saber histórico

Neste capítulo, abordaremos os debates ao redor do processo de construção do conhecimento que afetaram a disciplina histórica nas últimas décadas do século XX e se fazem presentes até hoje. Em um primeiro instante, observaremos alguns dos movimentos sociais, políticos e culturais que irromperam nas décadas de 1960 e 1970, ganharam força nos anos seguintes e trouxeram problemas com os quais os historiadores e outros estudiosos ainda não sabiam como lidar, mas se viram forçados a enfrentar baseando-se em perspectivas diferentes. Depois disso, atentaremos principalmente para a crise dos modelos explicadores e dos parâmetros de verdade e cientificidade já estabelecidos diante dos questionamentos e das proposições dos pensamentos definidos como pós-modernos. Buscaremos um entendimento geral para o pensamento pós-moderno a partir do contraste com o paradigma iluminista e das formas como ambos os modelos influíram sobre a historiografia. Por último, apresentaremos algumas das vertentes de investigação histórica que se beneficiaram e se desenvolveram com base nessas discussões.

(3.1)

## MOVIMENTOS SOCIAIS E CRISE DE PARADIGMAS

Os anos 1960 foram, sem dúvida, um momento de **ruptura e reconstrução crítica**. Ruptura, sobretudo, com relação a uma série de preceitos, fundamentos e visões de mundo já bastante consolidadas. Significaram, também, um **rompimento com uma série de projetos de sociedade** que reivindicavam sua primazia como mecanismos de verdadeira emancipação e desenvolvimento do homem. Tais projetos afirmavam rumar em direção a uma sociedade igualitária em uma etapa subsequente – e latente – da história. É o caso, por exemplo, dos **projetos liberal e marxista**, embasados,

*Ernesto Sobocinski Marczal*

ainda, em linhas de pensamento delineadas ao longo do século XIX. Ou, ao tomar como exemplo o contexto próprio do período pós-Segunda Guerra, o modelo do **Estado de bem-estar social**, o *welfare state*, que predominou nos anos subsequentes ao confronto, mas que já começava a dar sinais de esgotamento. Tratava-se, ao mesmo tempo, de um questionamento e de uma descrença com relação: aos padrões de sociedade vigentes; às formas de enxergar a sociedade, os mecanismos de manifestação e expressão política; e aos espaços resguardados e papéis sociais atribuídos aos diferentes indivíduos na dinâmica social.

Já o viés de uma **reconstrução crítica** deve ser tomado como uma iniciativa mais longa e durável. De certo modo, essa reforma se desenvolveu como uma **resposta aos problemas** levantados nesse período, principalmente quanto à capacidade de ler e interpretar um mundo dinâmico, cujas transformações se desdobram de maneira mais veloz do que os especialistas são capazes de acompanhar para produzir uma análise coerente e satisfatória. Se os anos anteriores ficaram conhecidos como os *Trinta Gloriosos* – ou a Era de Ouro, na apreciação de Hobsbawm (1995) –, frutos da rápida reorganização política, da revitalização e da expansão econômica (mesmo sob o tenso balanceamento polar da Guerra Fria), assim como de grande inovação tecnológica e crescimento populacional, as décadas seguintes enfrentaram uma necessária **revisão de conceitos**, maneiras de visualizar e ler o mundo. Um esforço necessário não só pela eclosão de questões inéditas, mas, principalmente, pela incapacidade dos modelos explicativos já sedimentados em lidar com elas. Não se tratava de abandonar completamente correntes de análise importantes, como o marxismo, mas de buscar caminhos que possibilitassem alternativas para a **construção do conhecimento diante de um**

**mundo em constante transformação**, volátil e, em sua maioria, avesso à imputação de categorizações fixas e estanques. Nesse sentido, o processo de reelaboração crítica não se deu apenas em uma área ou em um grupo restrito de disciplinas. Pelo contrário, impactou todo o sistema de conhecimento científico, inclusive no questionamento de suas divisões – em ciências "duras", "sociais" e "humanísticas" – e fronteiras, com a rediscussão da pertinência do estudo do social nos limites internos de disciplinas consideradas autônomas e independentes, como a sociologia, a antropologia, a economia, a geografia, a psicologia ou mesmo a história (Rojas, 2007).

Um aspecto que deve ser destacado é que esse **duplo movimento** – de contrariedade em relação às configurações sociais de um lado e de reavaliação da capacidade de elaborar uma compreensão crítica de outro – foi em grande parte motivado pela **irrupção de uma variedade de manifestações sociais, culturais e políticas concretas**. Algumas delas emergiam com novas motivações e reivindicações, enquanto outras ganhavam força e desvelavam situações até então reiteradamente ignoradas e marginais, mantidas propositadamente no obscurantismo. É o caso, por exemplo, do movimento negro nos Estados Unidos, onde a proeminência de personagens, como **Martin Luther King e Malcolm X🌑**, ainda permanece; da luta pela emancipação feminina em diferentes partes do globo; da formação de grupos de solidariedade em apoio aos países de Terceiro Mundo; ou da revolução sexual e da reivindicação de direitos por parte da comunidade homossexual. Além desses aspectos, podemos salientar a situação precária das ex-colônias europeias na África, em sua maioria mergulhada em intensas guerras civis, com populações em condições de extrema pobreza e ainda sob os efeitos dos resquícios da violência do período da ingerência colonizadora.

*Ernesto Sobocinski Marczal*

## ⓫ Contextualizando!

O pastor batista Martin Luther King e o ativista Malcolm X se destacaram, sob horizontes bastante distintos, como duas das principais lideranças do movimento negro nos Estados Unidos. O primeiro pregava a não violência e a desobediência civil como estratégias de combate ao racismo e à segregação, bem como instrumentos de reivindicação de direitos civis e equiparação entre as cidadanias das populações negra e branca no país. Já o segundo recusava a integração com a sociedade branca e defendia a separação entre as raças, inclusive com a criação de um Estado próprio. Diferentemente de King, afirmava que a violência era um recurso aceitável de autoproteção. Embora apresentassem grandes diferenças em suas causas, ambos acabaram se tornando ícones da luta empreendida pela população afro-americana e partilharam de fins trágicos semelhantes. Malcolm X foi morto em 1965, durante um comício em Nova York, enquanto King foi assassinado em 1968, em Memphis, no estado do Tennessee, pouco antes de uma passeata.

Alguns dos discursos mais célebres de Martin Luther King podem ser encontrados facilmente na internet. Além disso, ambos os personagens foram motivos de diversos programas televisivos, documentários e filmes. Entre os mais famosos, podemos desta-car *Malcolm X*, película de 1992 dirigida por Spike Lee, e *Selma: uma luta pela igualdade*, filme de 2014 dirigido por Ava DuVernay.

Novas manifestações, como o movimento hippie, os **happenings artísticos❶** e as ações ligadas à contracultura, ou mesmo a ampla mobilização de jovens americanos contra o envolvimento do país na guerra do Vietnã, também trouxeram à tona um extenso conjunto de problemas com os quais a organização social estabelecida não sabia lidar. As diferentes manifestações, em sua maioria independentes ou vagamente correlatas, eram de **caráter amplo e difuso**, e não poderiam ser restritas espacialmente a um pequeno número de cidades, países ou a um único continente. Sua capacidade de angariar atenção se via potencializada por um fenômeno particular do próprio século XX que se intensificou em sua metade final: **o desenvolvimento e a expansão dos meios de comunicação de massa**. Com o rápido crescimento e a diversificação de suas plataformas – rádio, televisão etc. –, não só se verificou maior **rapidez na irradiação de informações**, alcançando lugares antes inatingíveis com bastante velocidade, como houve uma **difusão de produtos culturais diversos**, como filmes, músicas e livros.

> ❶ **Atenção!**
>
> De modo geral, ações e intervenções artísticas realizadas com a participação ativa do público e fundamentadas em suas múltiplas reações, em eventos que não têm uma roteirização ou duração definida.

Tais materiais proporcionavam a propagação de ideologias, bem como de padrões de vida e de sociedade, mas, mesmo que em menor grau, também o **questionamento desses padrões** e a **divulgação de ideias contestatórias** contidas nos movimentos sociais elencados previamente. Dessa maneira, muitas das situações que teriam seu raio de ação reduzido ou mesmo passariam praticamente despercebidas, experimentaram uma distensão temporal mais longa em seus desdobramentos, adquiriram amplitude e ganharam maior notoriedade. Embora os veículos de comunicação de massa sejam recorrentemente

*Ernesto Sobocinski Marczal*

considerados apenas instrumentos de imposição de maneiras de ser, ver e sentir, bem como de incentivos ao consumo, não podemos desconsiderar o uso desses mecanismos em outros sentidos ou então de maneiras alternativas. Da mesma maneira, os indivíduos inclusos em sua área de abrangência não podem ser tomados como sujeitos inertes e passivos, à mercê do simples transcurso da história.

Porém, entre os eventos que marcaram esse período, a **rebelião estudantil de maio de 1968**[⑪], na França, pode ser considerada como um ponto central nesse processo. O movimento tornou-se símbolo da contestação da juventude estudantil, de sua consolidação como grupo socialmente significativo e engajado politicamente. Ao longo daquele ano, protestos e manifestações semelhantes eclodiram em diversas partes do mundo – alguns deles inspirados pelo exemplo parisiense. Se a amplitude das manifestações não se refletiu no êxito imediato de suas proposições políticas, não podemos descartar, como salientou Rojas (2007), seu triunfo em longo prazo, ao desencadear uma série de **profundas transformações no conjunto das estruturas de produção e reprodução cultural.**

## ⑪ Contextualizando!

Os protestos de maio de 1968 tiveram início com a mobilização de estudantes e professores contra o autoritarismo e a rigidez que permeavam a estrutura e a administração universitárias. Após uma série de conflitos, que culminaram no fechamento da Universidade de Paris X, em Nanterre, nos arredores da capital francesa, os estudantes da Sorbonne, uma das mais prestigiosas instituições do país, se uniram em manifestações que tomaram conta das ruas da cidade. O clima contestatório, os confrontos com

> as autoridades e a ampla repressão contribuíram para que o movimento ganhasse rapidamente as proporções de uma greve geral, com a adesão de milhões de trabalhadores, que cruzaram seus braços, e a participação ativa de milhares de pessoas nas ruas. O movimento pressionou o governo do general Charles De Gaulle, que teve de utilizar de diversos artifícios para restaurar o controle do país nos meses seguintes.

Ainda de acordo com o historiador mexicano, os efeitos dessa Revolução de 1968 foram sentidos, sobretudo, nas **mutações de algumas das instituições fundamentais na geração de cultura ou na reprodução de padrões culturais na sociedade contemporânea: a escola, os meios de comunicação e a família** (Rojas, 2007). Para o autor, muitas das questões bastante presentes na atualidade, como a crise do modelo tradicional de família e sua substituição ou convivência com outras formas e dinâmicas de organização, são resultado do impacto das ideias lançadas em 1968. No caso do sistema de ensino, podemos notar a drástica **reavaliação da relação professor-aluno**, já sem a percepção marcante de uma postura autoritária do primeiro em relação ao segundo, assim como a **revisão de muitas das práticas pedagógicas e dos objetivos do ambiente escolar** na qualidade de espaço de construção do conhecimento, de sociabilidade múltipla e diversificada, transmissão e reconhecimento cultural, além de debates políticos voltados à consciência da cidadania.

Ao atentar para as transformações sociais que permearam a década de 1960, Hobsbawm (1995) também não deixou de contemplar a insurgente juventude estudantil. O autor considerou o impressionante crescimento dos níveis de escolaridade e da população universitária ao longo do século XX como um dos fatores que contribuíram

*Ernesto Sobocinski Marczal*

para a conformação da **juventude estudantil como segmento politicamente significativo** da sociedade no período. A título de exemplo, Hobsbawm (1995) assinalou que, antes da Segunda Guerra Mundial, o número de universitários somados de Alemanha, França e Grã-Bretanha, três dos países mais desenvolvidos e com maior índice de instrução da época, chegava a aproximadamente 150 mil dentro de um universo de cerca de 150 milhões de habitantes – apenas 0,1% do total. Já na década de 1980, a população universitária alcançava a casa dos milhões em cada um desses lugares, assim como em outras localidades para além da Europa, como os Estados Unidos, o Brasil, o México, a Índia e as Filipinas. Se, anteriormente, a razão entre estudantes universitários e população total de um país era ínfima, no novo contexto a relação se tornava muito mais significativa, com os valores variando entre 2% e 3% nas localidades mais preocupadas com o desenvolvimento da questão – caso, por exemplo, de alguns países ainda longe da condição de desenvolvidos, como Equador, Peru e Filipinas.

Após salientar esse quadro de profunda expansão do acesso ao ensino (e não só universitário), Hobsbawm (1995) observou que o súbito crescimento da procura por educação caminhava ao lado das pressões próprias das sociedades democráticas e capitalistas ocidentais, cujas **necessidades de produção e consumo** exigiam uma quantidade cada vez maior de especialistas técnicos, administradores e professores. Ainda que esse elemento justificasse parcialmente a discrepância em relação aos países comunistas, onde o crescimento da população estudantil não tinha o mesmo ritmo, a **explosão estudantil** estava adiante de qualquer predição ou planejamento.

Ainda que desejável, o crescimento da população universitária trazia consigo uma massa juvenil com uma percepção social amplamente distinta das gerações anteriores, já acostumadas com o ordenamento vigente, confortáveis com as configurações e posições de poder e calejadas por eventos traumáticos anteriores. Os jovens que chegavam às universidades ao final da década não haviam confrontado os mesmos problemas e desafios sociais de seus pais. Não haviam tido contato direto com a guerra, ainda que tivessem convivido com seus desdobramentos, e já nasceram sob a tensão da Guerra Fria. Mesmo diante de um período de relativo avanço das condições socioeconômicas gerais, esses sujeitos desenvolveram um conjunto de **expectativas diferentes** quanto ao mundo – em sua maioria, apaixonadas e libertárias – e exigiam sua transformação. Grande parte dos movimentos aos quais nos referimos previamente, como o feminismo, a luta pelos direitos humanos, a revolução sexual e o combate ao racismo, encontrava nos jovens, sobretudo estudantes, a maioria de seus apoiadores. Como salienta Hobsbawm (1995, p. 290), "na verdade, só na década de 1960 se tornou inegável que os estudantes tinham constituído, social e politicamente, uma força muito mais importante do que jamais haviam sido, pois em 1968 as explosões de radicalismo estudantil em todo o mundo falaram mais alto que as estatísticas".

O crescimento do fluxo de alunos foi seguido pelo **aumento no número de instituições** para recebê-los. Embora o rígido formato hierárquico tradicional, como no sintomático caso francês, fosse também motivo de revolta, a organização física e institucional favorecia o arranjo político dessa massa universitária. A concentração nas extensas e isoladas cidades universitárias, ou nos múltiplos *campi*, estimulava a convivência entre estudantes e docentes de vários cursos, favorecia os debates e intensificava as trocas de experiências. Não por acaso, possivelmente pela convivência com os colegas, professores e leituras que provavelmente não os atingiriam fora desse ambiente, os jovens entravam em contato com variadas posições ideológicas,

*Ernesto Sobocinski Marczal*

visões de mundo e projetos políticos de sociedade. Nesse quadro de intenso convívio universitário cotidiano, que muitas vezes assumia uma função central nesse intervalo da vida desses indivíduos, não é de se estranhar a organização em diversos **grupos e agremiações estudantis**, muitos imbuídos de uma ativa prática política e de expressão cultural.

> *Essas massas de rapazes e moças e seus professores, contados aos milhões ou pelo menos centenas de milhares em todos os Estados, a não ser nos muito pequenos e excepcionalmente atrasados, concentradas em "campi" ou "cidades universitárias" grandes e muitas vezes isolados, constituíam um novo fator na cultura e na política. Eram transnacionais, movimentando-se e comunicando ideias através de fronteiras com facilidade e rapidez, e provavelmente estavam mais à vontade com a tecnologia de comunicação que os governos. Como revelou a década de 1960, eram não apenas radicais e explosivas, mas singularmente eficazes na expressão nacional, e mesmo internacional, de descontentamento político e social.* (Hobsbawm, 1995, p. 292)

Seguindo a mesma linha das colocações do célebre historiador britânico, podemos observar a inclinação de grande parte dessa massa ao engajamento político de esquerda, não raramente evoluindo para a **militância ativa muito além das fronteiras estudantis universitárias**. Em diversos contextos, como nos **países latino-americanos**[⊞], tomados pelas ditaduras civis-militares entre as décadas de 1960 e 1980, os estudantes compunham um dos poucos grupos – senão o único – ainda capazes de produzir algum tipo de resistência ou manifestação, obviamente não sem arcar com a represália e a violência dos mecanismos de opressão estatais ou paraestatais. Um dos indícios mais evidentes do envolvimento estudantil, bem como de sua crescente relevância como agentes políticos públicos e atuantes, foi o ingresso de muitos jovens, homens e mulheres, nos **partidos de esquerda** e, principalmente, nas **organizações de luta armada**, muitas vezes com a intenção de formarem uma espécie de vanguarda revolucionária.

## ⓜ Contextualizando!

O Brasil também vivenciou a eclosão de diversos protestos durante o ano de 1968, em sua maioria promovidos pela juventude estudantil na defesa de transformações na educação e no combate à ditadura militar instaurada desde 1964. Um dos atos mais sintomáticos foi a "passeata dos cem mil", organizado, principalmente, pelo movimento estudantil e apoiado por diversos setores da população – incluindo artistas, intelectuais e lideranças religiosas –, no Rio de Janeiro, em 26 de junho de 1968. O ato era um desdobramento do descontentamento popular com a administração autoritária e o incremento da repressão violenta, já agudizada nos meses anteriores, inclusive com a emblemática morte do estudante secundarista Edson Luís de Lima Souto durante a invasão da Polícia Militar ao restaurante universitário Calabouço no final de março. Os meses seguintes também foram permeados por diversas manifestações, muitas delas marcadas por severos enfrentamentos com as tropas policiais, que culminaram com o acirramento definitivo do aparato repressivo com o lançamento do famigerado Ato Institucional n. 5, em 13 de dezembro de 1968 (Brasil, 1968).

*Ernesto Sobocinski Marczal*

Contudo, o fato é que, mesmo com o barulho ensurdecedor causado pelas mobilizações estudantis – na rebelião de maio de 1968, nas rebeliões que tomaram diversos lugares do mundo naquele mesmo ano ou nos eventos que seguiram seu rastro nos anos seguintes (o célebre festival de Woodstock, por exemplo) –, **os jovens não foram capazes de sintetizar suas manifestações** em uma revolução político-social, como muitos almejavam. Apesar de o "maio francês" ter estimulado um amplo movimento de greve, o que pudemos notar é que a mobilização juvenil e estudantil se resumiu praticamente apenas a esse grupo, sem conseguir captar a adesão de outros segmentos sociais em um mesmo sentido e com a mesma proporção. Nesses termos, como instância revolucionária imediata, a mobilização juvenil foi certamente falha, com exceção de algumas conquistas pontuais, mas em um tempo mais longo, cujos desdobramentos ainda sentimos, sua ação foi fundamental para a mudança de percepções sobre os indivíduos, sua conformação política e cultural.

Esse contexto de grande efervescência, com a emergência de novos personagens políticos e o esfacelamento de outros aparentemente estabelecidos, contribuiu para o **questionamento da capacidade analítica das ciências** tal qual se apresentavam naquele momento. Talvez, mais importante, **colocaram em xeque os próprios modelos de investigação, de olhar e de produção do conhecimento**, em sua maioria ainda permeados pelas reflexões dos pensadores que erigiram as bases do pensamento racional e científico nos séculos XVIII e XIX, no âmago da modernidade.

Como já observaram vários autores, esse questionamento poderia ser compreendido como uma profunda **crise de paradigmas** – nesse caso, dos parâmetros de verdade erigidos como filtros do processo de construção do saber. Em outros termos, não era possível produzir conhecimento fora dos padrões estabelecidos ao longo da moderni-dade, dentro daquilo que se havia delimitado como ciência, orientada pela rigidez metódica e pelo racionalismo.

Para compreender melhor essa questão, vamos voltar um pouco no tempo. Cardoso (1997), em concordância com diversos autores, descrevem o modelo até então predominante como *moderno* ou *iluminista*, no qual a razão e o progresso se firmaram como aspectos essenciais. Os estudos sociais e humanos deviam se pautar em uma metodologia científica ou, ao menos, inspirar-se nela, de modo que a ideia de cientificidade adquiria um peso central. No campo da historiografia, podemos identificar a influência desse paradigma em diversas correntes de investigação, desde aquelas que acompanha-ram a estruturação acadêmica da disciplina, ainda no século XIX, até grande parte das propostas do marxismo e as primeiras gerações dos Annales – duas das vertentes mais reconhecidas e influentes da produção histórica do último século.

Embora com percepções bastante distintas umas das outras, as vertentes associadas ao paradigma iluminista apresentavam uma **leitura comum da história**, ao menos na pretensão de escrevê-la como um saber científico e racional – algo já aparente no próprio desenvolvimento do processo de pesquisa, normalmente originário de uma hipótese ou questão central a ser verificada ou respondida, nos moldes da "história-problema" dos Annales, mas que também podemos perceber em muitos dos pesquisadores marxistas, o que já delimitava um esforço de racionalização por parte do investi-gador. A necessidade dessa adequação da pesquisa histórica à rigi-dez do modelo científico racional seguia a crença da ciência como único lugar capaz de produzir um conhecimento real, legítimo e, mesmo ao admitir a pluralidade da história, verdadeiro. Junto a essa

*Ernesto Sobocinski Marczal*

compreensão, podemos localizar o entendimento de que, fora desses padrões racionais e científicos, a história não conseguiria dar conta das demandas sociais para a experiência temporal humana, muito menos tornar inteligível o enquadramento do tempo histórico como objeto de estudo (Cardoso, 1997). Como vimos, tais certezas absolutas foram rompidas no desenrolar do século XX, seja em razão dos vários traumas deixados pelos dois confrontos mundiais e seus resquícios autoritários, seja pela eclosão dos múltiplos movimentos e sujeitos com novas visões e reivindicações sobre a sociedade. Em última instância, poderíamos dizer que foram **as próprias experiências sociais que abalaram o paradigma iluminista.**

Outro aspecto muito presente foi **a edificação e a aplicação de diversos modelos teóricos macroexplicadores,** preocupados em desvelar uma lógica intrínseca ao comportamento humano e seu desenvolvimento social em suas distintas expressões. Em muitos casos, eles também abarcavam um projeto político e uma visão holística da história, uma vez que não só buscavam detectar variáveis comuns na trajetória das sociedades humanas, mas também arriscavam um vislumbre sobre o destino final de seu percurso. Entre os principais exemplos, podemos citar as diferentes modalidades evolucionistas, as concepções sociológicas extraídas de Durkheim e, particularmente, Weber, algumas vertentes estruturalistas, além do próprio marxismo. Para Cardoso (1997, p. 4), as tendências filosóficas dos séculos XVIII e XIX,

> Viram-se reforçadas, no século XIX e neste [século XX], pelo emprego de modelos macro-históricos e teorizantes: estes podiam ser distintos e até opostos entre si, mas voltavam-se sempre para a inteligibilidade, a explicação, a expulsão ou pelo menos a delimitação do irracional, do acaso, do subjetivo.

Além de ressaltar a força dos grandes esquemas explicadores, essa passagem evidencia o desinteresse pelos elementos subjetivos, os quais eram considerados aspectos menos relevantes, já que constantemente fugiam das lógicas de compreensão tradicionais, e, ao mesmo tempo, expressões singulares e individuais sobre as quais não se poderia produzir um conhecimento significativo. A subjetividade era avessa aos esforços de racionalização e, por isso, tomada como lugar próprio da indeterminação e do estranhamento – o objetivo central dos modelos de investigação era apurar as regularidades e, se possível, delimitar regras ou leis gerais, embasadas na razão e nos critérios de cientificidade.

Assim, na época, o particular, o inusitado ou o diferente eram majoritariamente marginalizados. Ao ocupar-se de movimentos mais amplos da história, sob uma perspectiva panorâmica, a fim de recuperar os mecanismos de desenvolvimento ou mesmo de evolução das sociedades humanas, as expressões diminutas dos sujeitos simplesmente desapareciam do espectro de análise. Não havia espaço para a apreciação das paixões, dos sentimentos ou de outras manifestações subjetivas, pois elas poderiam colocar em dúvida propostas de explicações devidamente sedimentadas, ampliar suas fissuras e incongruências ante as experiências dos sujeitos. De certa maneira, submeter-se à investigação séria e comprometida dessas experiências seria incorrer no risco de perder a objetividade e afastar-se da razão – até então único caminho para a obtenção de um conhecimento tido como puro e verdadeiro. Até por esse motivo, esses temas acabaram por incorporar o foco de atenção de outros saberes, notadamente desvinculados de um cientificismo, especialmente aqueles relacionados ao difuso espaço das artes. Assim, elementos ligados à subjetividade passaram a ser abordados nas artes plásticas, na fotografia e no cinema nascentes e, talvez de maneira mais notória, na literatura.

*Ernesto Sobocinski Marczal*

As críticas ao paradigma iluminista assumiram, inicialmente, um tom mais amplo, com a revisão de pressupostos filosóficos e epistemológicos e a procura de novas referências. Nesse sentido, muitos estudiosos deixaram de lado apoios filosóficos centrais ancorados no racionalismo moderno, como Kant, Hegel e Marx, para investir nas ideias e debates de outros autores que enveredavam por apreciações menos afeitas ao racionalismo ou mesmo irracionais, nas quais a influência dos pensamentos de **Friedrich Nietzsche**⑪ é marcante (Cardoso, 1997). A busca por novos parâmetros de análise fez com que os pesquisadores se aproximassem das reflexões de outros espaços e prestassem mais atenção nas produções, nos autores e nos críticos interessados nas artes e na literatura. As obras de **Franz Kafka**, por exemplo, logo passaram a inspirar as reflexões de diversos escritores e pesquisadores preocupados com a investigação íntima dos sujeitos e de suas relações.

## ⑪ Contextualizando!

O alemão Friedrich Nietzsche foi um dos principais pensadores do século XIX. Sua compreensão filosófica advinha da contemplação do mundo e da aplicação do método filológico para além da leitura e do estudo das obras de outros filósofos. Durante suas reflexões, se dedicou a analisar empiricamente a existência humana, proferindo uma profunda crítica aos valores culturais e morais tradicionais. Desse modo, o pensador se opôs aos parâmetros rígidos e absolutos de verdade e racionalidade, com a defesa de que o que existe são diferentes possibilidades de interpretação da realidade.

**Saiba mais!**

As obras do escritor tcheco Franz Kafka exploram situações inusitadas e aterrorizantes que expõem os sujeitos a sensações de estranhamento, brutalidade física e alienação em relação a si e aos outros, de modo a explorar as dimensões psicológicas e subjetivas dos indivíduos. Não por acaso, seus escritos suscitaram as reflexões de diferentes campos do conhecimento. Duas de suas principais obras, *O processo* e *A metamorfose*, podem ser encontradas em uma mesma compilação.

KAFKA, F. **Franz Kafka**: obras escolhidas. São Paulo: L&PM, 2013.

O tenso desenrolar do século XX serviu de combustível para a dura inquirição às noções básicas do pensamento moderno, como os ideais de constante evolução e progresso, ambos conduzidos sob o aprimoramento permanente das sociedades industrializadas e da rápida inovação tecnológica. Entre os acontecimentos e fenômenos que se destacam na história recente estão: os dois conflitos intensos de proporções globais, marcados pela criação de armamentos novos e terríveis (como as armas químicas e nucleares), pela introdução dos campos de concentração e das câmaras de gás, e pelo genocídio de populações em áreas remotas e centrais; o consumo indiscriminado de recursos naturais aliado ao descaso e à destruição do meio ambiente; os contrastes sociais extremos; e até mesmo o emprego da tecnologia, inclusive dos meios de comunicação, como ferramenta de alienação massiva e de desumanização. Tais problemas alimentaram a desilusão com relação aos valores modernos ancorados na razão,

*Ernesto Sobocinski Marczal*

no progresso e na ciência como caminhos para a produção de um conhecimento emancipador.

Em uma análise um tanto apressada e excessivamente ácida, a impressão resultante era de que esses valores haviam sido capazes apenas de provocar opressão e violência em níveis jamais imaginados e até então não haviam sido "fatores de libertação e felicidade, e sim, pelo contrário, geraram monstros" (Cardoso; Vainfas, 1997, p. 10). A eclosão dos diversos movimentos que elencamos no início deste tópico reforçava essa visão, ao mesmo tempo que pleiteava mudanças mais profundas. Os efeitos sobre as formas de construção do saber, entre elas a história, incorreram no **repúdio a muitos dos axiomas estabelecidos** e na **reavaliação crítica do processo de construção do conhecimento** fundamentado cientificamente. Tal qual salienta Cardoso (1997, p. 10),

> *Este conjunto de críticas desemboca, metodologicamente, na contestação da possibilidade de explicação racional do social, do humano, que não passaria de uma ilusão cientificista desprovida de conteúdo efetivo, mas perniciosa porque em torno dela se construiria um saber terrorista a serviço do poder (agora entendido à maneira nietzscheana) e evacuador de outros saberes.*

Entretanto, é importante ressaltar que o esfacelamento dos grandes esquemas de síntese, dos valores instituídos como absolutos na modernidade e mesmo de seus parâmetros rígidos de produção do conhecimento não significou o simples abandono de modelos teóricos ou da própria racionalidade iluminista. Se a procura por novas abordagens, problemas e objetos de pesquisa, assim como a preocupação em encontrar ângulos distintos para reexaminar velhas questões, passou a ser uma exigência imperativa aos historiadores e demais autores preocupados com o humano e o social, muitos desses buscaram colocar sob tensão seus próprios modelos, reorganizando-os e discutindo-os à luz das novas exigências com as quais se depararam. Um bom exemplo são os vários estudiosos identificados com a nova esquerda que vimos no capítulo anterior. Apesar do forte vínculo com as ideias centenárias delineadas originalmente por Marx e Engels, muitos desses autores não deixaram de reconhecer as fragilidades e incongruências de um pensamento marxista estático e rígido e buscaram alternativas que permitissem dar prosseguimento com suas reflexões, mas sem esquecer as contribuições que puderam extrair dos modelos clássicos e com as quais ainda podiam contar, mesmo sob uma perspectiva de análise diferente.

A terceira geração dos Annales, da qual tratamos rapidamente no primeiro capítulo, ou mesmo a "história vista de baixo" proposta por Thompson e a abordagem micro-histórica, que analisamos no segundo, são exemplos de ações colocadas em movimento também pelo questionamento desses paradigmas na historiografia. Desse modo, os estudos preocupados com os aspectos social e humano (dentre os quais a disciplina histórica) viram-se na situação de **repensar seus parâmetros de pesquisa e suas referências teóricas e metodológicas.** As correntes características das linhas de pensamento organizadas na modernidade não foram descartadas, mas passaram a conviver e dialogar (por vezes tensamente) com outras possibilidades de compreensão e produção do conhecimento. Um esforço necessário e ainda presente de revisão e avaliação da disciplina que culminou no intercâmbio com novas áreas e saberes e na elaboração de novos problemas, objetos e projetos de pesquisa, até então ignorados. Ao se verem estilhaçados os critérios de investigação histórica ou, para tomar emprestada uma expressão de Dosse (2003b), divididos em migalhas, os historiadores passaram a lidar com múltiplas perspectivas para além daquelas erigidas pelo pensamento moderno.

*Ernesto Sobocinski Marczal*

(3.2)

# NOVAS PERSPECTIVAS: O PENSAMENTO PÓS-MODERNO E A VIRADA LINGUÍSTICA

Tal como debatemos há pouco, a explosão de diversas manifestações socioculturais e políticas ao longo do século XX, tais como a emancipação feminina, os movimentos pós-colonialistas, a contracultura e a mobilização em prol de direitos civis de diversos grupos sociais, colocou em suspensão as próprias noções de concretude que permeavam o ideal do conhecimento ocidental. No meio acadêmico, independentemente dos diversos debates sobre nomenclatura, conceituação ou periodização, o pensamento pós-moderno pôs em xeque a efetiva capacidade explicadora de diversos conceitos, muitos deles tomados sob a forma de paradigmas reguladores da história.

Vários autores observam o pensamento pós-moderno como uma **reação ao esgotamento dos projetos da modernidade**, especialmente quanto a suas pretensões de unidade e universalidade, muitas vezes com a finalidade de impor à vida social os ideais determinados de ordem e progresso. Porém, ainda é complicado estabelecer definições rígidas para o termo. Em um estudo sobre as mudanças culturais postas em curso pela *pós-modernidade*, o sociólogo **Mike Featherstone** (1995) ilustra bem a dificuldade em precisar o termo, o qual assume sentidos muitas vezes vagos e gerais se considerado além de seu contraponto à modernidade. Isso ocorre também por se tratar de um movimento ainda em curso e, portanto, ainda carente de uma visão retrospectiva, capaz de contemplá-lo e avaliá-lo em função de suas múltiplas faces. Nesse sentido, o pós-modernismo pode ser tomado não só como um processo de crítica aos paradigmas estabelecidos anteriormente, mas como um movimento que delineia, mesmo inadvertidamente, **novos parâmetros quanto à produção do conhecimento**.

*Se "moderno" e "pós-moderno" são termos genéricos, é imediatamente visível que o prefixo "pós" (post), significa algo que vem depois, uma quebra ou ruptura com o moderno, definida em contraposição a ele. Ora, o termo "pós-modernismo" apoia-se vigorosamente numa negação do moderno, num abandono, rompimento ou afastamento percebido das características decisivas do moderno, com uma ênfase marcante no sentido de deslocamento relacional. Isso tornaria o termo pós-moderno relativamente indefinido, uma vez que estamos apenas no limiar do alegado deslocamento, e não em posição de ver o pós-moderno como uma positividade plenamente desenvolvida, capaz de ser definida em toda sua amplitude e por sua própria natureza.* (Featherstone, 1995, p. 19)

Em parte, esse diagnóstico ocorre pela própria **amplitude** das reflexões pós-modernas, que se estendem por diversos campos artísticos, intelectuais e acadêmicos, permeando as artes plásticas, a fotografia, o cinema, o teatro, a música, a arquitetura, a filosofia, a antropologia e outras disciplinas focadas nos aspectos social e humano. Mesmo nesses meios ainda há uma discordância entre as diferentes propostas pós-modernas e mesmo entre os autores e as obras que reivindicam esse postulado para si ou o atribuem a outros. É o caso, por exemplo, de muitos dos estudiosos ligados à chamada *Escola de Frankfurt*. Apesar de sua vinculação com o pensamento marxista, sua crítica à alienação política de uma sociedade de massas já a determina como um dos centros significativos de influência sobre os estudos contemporâneos e, mesmo antes da difusão do termo, não são poucos os que rotulam alguns de seus autores como expoentes precoces do pensamento pós-moderno.

No caso da disciplina histórica (apesar de não só dela), o trabalho do filósofo alemão **Walter Benjamin** constitui um bom exemplo dessa relação. Suas reflexões sobre a sociedade de massas – no âmbito da cultura, da estética, da política ou seus entrelaçamentos, diante do complicado contexto de ascensão do fascismo em que se encontrava – não só anteciparam diversos debates como colocaram em perspectiva muitas das críticas aos projetos da modernidade. Sem perder de vista a proposta base do materialismo histórico e o potencial revolucionário do pensamento de Marx, Benjamin também realizou uma análise bastante contundente com relação à história, seus conceitos reinantes e o compromisso destes com determinadas perspectivas de sociedade e de dominação.

As relações entre passado e presente, e entre vencedores e vencidos, a edificação de determinados valores culturais e a ação de violência e barbárie são alguns dos aspectos que o autor aborda na conformação da escrita histórica. Suas críticas se voltam à própria construção do discurso histórico, ou discursos, já que reconhecem sua pluralidade tendo em vista suas dimensões narrativas e sua necessária articulação com uma prática política.

As discussões e proposições de Benjamin incentivaram uma série de reflexões no interior da historiografia, particularmente entre os adeptos de um diálogo com perspectivas pós-modernas. As questões inferidas pelo filósofo convergiam não só com muitas das discussões contemporâneas a respeito da disciplina, mas também em muitas das objeções imputadas ao modernismo. Em um de seus escritos mais conhecidos centrados nessa temática, *Sobre o conceito de história*, o autor reúne uma série de enunciados que sintetizam, de certa maneira, muitas de suas apreciações sobre a produção histórica. Em uma das passagens mais conhecidas, a alegoria do anjo da história, Benjamin metaforiza o transcurso da história à luz do progresso desmedido da modernidade, que a impede de deter-se sobre outros aspectos e possibilidades soterrados no passado.

*Há um quadro de Klee que se chama Angelus Novus. Representa um anjo que parece querer afastar-se de algo que ele encara fixamente. Seus olhos estão escancarados, sua boca dilatada, suas asas abertas. O anjo da história deve ter esse aspecto. Seu rosto está dirigido ao passado. Onde nós vemos uma cadeia de acontecimentos, ele vê uma catástrofe única, que acumula incansavelmente ruína sobre ruína e a dispersa a nossos pés. Ele gostaria de deter-se para acordar os mortos e juntar os fragmentos. Mas uma tempestade sopra do paraíso e prende-se em suas asas com tanta força que ele não pode mais fechá-las. Essa tempestade o impele irreversivelmente para o futuro, ao qual ele vira as costas, enquanto o amontoado de ruínas cresce até o céu. Essa tempestade é o que chamamos de progresso.* (Benjamin, 1987, p. 226)

Aqui, a crítica de Benjamin se soma às percepções, elaboradas de formas diversas e distintas, de uma **condenação ao progresso técnico desmedido**, principalmente em suas consequências para a vida social, política e cultural dos sujeitos, bastante presente nos debates em torno da pós-modernidade. Não se trata de um repúdio total aos avanços de modernidade, como os verificados nos campos da ciência e da própria produção do conhecimento, mas, sim, à sua compreensão como um processo equânime, sem reconhecer o horror, a violência e os variados retrocessos políticos e sociais impostos pelo desenvolvimento desmedido de uma sociedade industrial, capitalista, autômata e majoritariamente acrítica, sobretudo entre seus segmentos dirigentes. Um convite aos historiadores a refletir sobre a prática história, os personagens oprimidos no passado e a ligação do discurso histórico com determinados projetos de futuro.

*Ernesto Sobocinski Marczal*

> **Saiba mais!**
>
> Um dos últimos textos produzidos por Benjamin antes de sua morte, em 1940 – o teórico alemão suicidou-se diante do temor de uma eminente captura pelos nazistas –, "Sobre o conceito de história", consiste em um ensaio em que traz uma série de enunciados e teses através das quais debate diversas facetas e conceitos da escrita da história. É um dos trabalhos fundamentais e de leitura obrigatória para os historiadores.
>
> BENJAMIN, W. **Magia e técnica, arte e política**: ensaios sobre literatura e história da cultura. 3. ed. São Paulo: Brasiliense, 1987. (Obras Escolhidas, v. 1).

Podemos afirmar que se engana quem compreende os debates em torno da pluralidade dos sujeitos ou dos parâmetros sedimentados para a construção de um conhecimento real e verdadeiro como preocupações exclusivas e recentes dos estudiosos pós-modernos. Se as características singulares fundamentais e comumente compartilhadas dos sujeitos – sob a percepção de uma essência ou de um espírito – constituem traços indeléveis da modernidade, a inquietação quanto às condições concretas de defini-la, tal como expõe Stuart Hall (2005), ou mesmo de apurar sua existência efetiva também o é. Embora possamos perceber a falência, ou ao menos o enfraquecimento, da racionalidade iluminista no interior das ciências sociais como norma predominante de investigação nas últimas décadas, é certo também que ela **jamais foi completamente dominante** – isto é, sem brechas, questionamentos, vozes ou pensamentos dissonantes. A percepção plural do indivíduo, a viabilidade de uma definição rígida a seu respeito e de sua identidade, ou mesmo as condições sob as quais os saberes estabelecidos buscavam contemplar os fenômenos humanos já eram temas debatidos.

Dentro de seus interesses de pesquisa, Featherstone (1995) é um dos autores que aponta, no interior da própria modernidade, ou talvez em seus pensadores contemporâneos dissonantes, a exemplo dos românticos, a manifestação simultânea de perspectivas contrárias aos pressupostos que tomavam o desenvolvimento da modernidade, particularmente de sua concepção estratificada de cultura, como algo estático e uniforme.

Atentando para pensadores durante muito tempo renegados ou, ao menos, legados a um segundo plano, tais como o napolitano Giambattista Vico e o prussiano Johann Gottfried von Herder, observamos que os projetos de unidade e progresso cultural propostos pelo iluminismo se desenvolveram paralelamente à enunciação, menos exitosa, de suas delações (Berlin, 1982). Vico, ainda na transição dos séculos XVII e XVIII, defendia a necessidade de empreender um esforço de **imaginação reconstrutiva**, definida por ele como uma atividade de *fantasia*, no processo de elaboração de um conhecimento real sobre as diferentes sociedades e civilizações humanas. Contrariando a perspectiva civilizatória, racional e progressista que se instituiu a partir do pensamento iluminista, Vico já evidenciava a dificuldade intrínseca ao estudo de conjuntos culturais diversos, sobretudo diante de valores e categorias definidas externamente e impostas de antemão sobre eles. Já Herder distancia-se dos ideais iluministas ao anunciar **a singularidade e a complexidade de culturas específicas**, salientando a impossibilidade de classificação ou definição de uma escala civilizatória e/ou cultural. De certa forma, esses autores já antecipavam as discussões basilares em torno das percepções de **diversidade e variedade cultural**, as quais se estabeleceram mais solidamente nos debates que tomaram parcela

*Ernesto Sobocinski Marczal*

significativa dos estudos sociais e humanos nas décadas finais do século XX e nos primeiros momentos do milênio seguinte.

A crítica à modernidade, no caso de algumas de suas acepções bastante específicas, também pode ser visualizada nas obras de Marx e Engels, baluartes do pensamento socialista. Cabe destacar que mesmo distanciados das leituras comuns de desenvolvimento social e político, inclusive pelo engajamento político e pela defesa da ação revolucionária, o conjunto de ideais que esses pensadores inauguraram também eram permeados, como debatemos antes, por uma racionalidade iluminista. Porém, isso não impediu que os autores apontassem o caráter dinâmico, instável e transitório da modernidade, algo que alimentaria muitas das objeções posteriores às projeções de unidade e universalidade comuns ao paradigma iluminista.

*A burguesia não pode existir sem revolucionar incessantemente os instrumentos de produção, por conseguinte, as relações de produção e, com isso, todas as relações sociais. A conservação inalterada do antigo modo de produção era, pelo contrário, a primeira condição de existência de todas as classes anteriores. Essa subversão contínua da produção, esse abalo constante de todo o sistema social, essa agitação permanente e essa falta de segurança distinguem a era da burguesia de todas as precedentes. Dissolvem-se todas as relações antigas e cristalizadas, com seu cortejo de concepções e de ideias secularmente veneradas; as relações que as substituem se tornam antiquadas antes de se consolidarem. Tudo que era sólido e estável se desmancha no ar, tudo que era sagrado é profanado, e os homens são obrigados finalmente a encarar sem ilusões a sua posição social e as suas relações com outros homens.* (Marx; Engels, 2007, p. 43)

Embora os autores alemães não estivessem necessariamente preocupados em realizar uma análise sobre os problemas epistemológicos dos valores gerais da modernidade, a fim de anunciar seu colapso ou de salientar expressões sociais e culturais diversas que escapavam das categorias de classe que delineavam, não se pode negar que o ritmo acelerado de mudanças e descontinuidades visualizado por eles reverbera diretamente sobre os espaços de produção e significação cultural. Se Marx e Engels não anunciavam com mesma intensidade a multiplicidade do universo cultural como Vico e Herder, suas elucubrações sobre a **transitoriedade perene da modernidade** são igualmente intensas e contraditórias. A proposta de uma análise social crítica e de um projeto político emancipador de grupos subalternos, sob representatividade da classe operária, serviram de inspiração para as proposições de muitos dos articuladores do pensamento pós-moderno, como no caso dos já citados Escola de Frankfurt e, de maneira mais particular, os estudos de Walter Benjamin. Apesar de experimentar o amplo debate de seus paradigmas – e mesmo sua aberta contestação –, podemos encontrar no marxismo um dos pontos de questionamento à modernidade, do qual partiram muitos dos estudiosos identificados com vertentes pós-modernas ou problematizados por elas.

Já no século XX, **Sigmund Freud** é um dos autores que demonstra descrédito no projeto unificador e civilizador da modernidade. O célebre texto "O mal-estar na civilização" (Freud, 1987) enfoca justamente na desconfiança do psicanalista diante de um indivíduo descentrado, fragmentado, incapaz de sublimar por completo o impulso inconsciente das pulsões.

As ponderações e reflexões enunciadas por esses pensadores de maneiras diversas e sob pontos de vista bastante variados, aqui fugazmente enunciados, desconstroem a noção de que a crítica a muitas das categorias e projetos de edificação moderna, tal como cultura e identidade, são o resultado apenas de indagações recentes. Por outro lado, o relativismo cultural e a indefinição do conceito de *identidade*,

*Ernesto Sobocinski Marczal*

embora não fossem percebidos no mesmo sentido, estiveram presentes ao longo de toda modernidade.

Desse modo, podemos afirmar que o desenrolar da modernidade foi acompanhado da **incubação, tanto histórica quanto epistemológica, de suas reprovações**. Desse modo, se uma conceituação restrita e definitiva da pós-modernidade ainda parece uma tarefa complicada e pouco provável, buscaremos tomá-la a partir das conjecturas quanto às suas objeções e aos valores designados como centrais à modernidade. Nesse sentido, entendemos que um esforço na compreensão de suas contribuições à produção do conhecimento na atualidade, especialmente no interior da disciplina histórica, perpassa por um exercício de estabelecimento dos contrastes com os paradigmas e as afirmações previamente instituídos.

O filósofo francês **Jean-François Lyotard** (1988) foi um dos primeiros autores a organizar uma análise mais incisiva a esse respeito, contribuindo para disseminar o debate sobre a pós-modernidade nos estudos das ciências sociais. Na obra *O pós-moderno*, lançada em Paris em 1979, já à luz da reverberação dos diversos movimentos que eclodiram no país na passagem dos anos 1960 para os anos 1970, o autor colocou em pauta o debate em torno das modificações no processo de produção do saber, do *status* da ciência e de suas implicações no espaço acadêmico, sobretudo na universidade, entendida como seu suporte central tradicional. Para o filósofo, a noção de pós-moderno estava atrelada à **"posição do saber nas sociedades mais desenvolvidas"**, de maneira a designar "o estado da cultura após as transformações que afetaram as regras do jogo da ciência, da literatura e das artes a partir do final do século XIX" (1988, p. XV, grifo nosso).

Lyotard parte da hipótese de que a mudança no estatuto do saber acompanha o ingresso das sociedades em uma etapa tida como pós-industrial ao mesmo tempo em que a cultura adentra o período pós-moderno. O autor aponta essa transição ao final da década de 1950, momento em que a Europa saiu de seu período massivo de reconstrução e reorganização do pós-guerra. Esse olhar retrospectivo sobre a modernidade, a sombra de um longo intervalo de barbárie e violência, e também o surgimento de novos problemas e desafios foram essenciais na reorganização dos saberes e das maneiras de conceber a realidade e torná-la inteligível.

Na compreensão do filósofo, as transformações que permeiam os mecanismos de produção e validação do conhecimento na percepção pós-moderna relacionam-se a uma notável **crise dos relatos**, especialmente aqueles organizados em função dos critérios de verdade e objetividade próprios das ciências tal como concebidas pela racionalidade iluminista. A implicação mais evidente poderia ser sintetizada por meio da descrença a respeito dos metarrelatos, enunciados gerais ancorados em determinadas perspectivas filosóficas modernas, capazes de apresentar explicações globais e universais com pretensão de verdade. Tal como já debatemos anteriormente, diversas vertentes dentro da disciplina histórica se vincularam em propostas narrativas mais amplas que forneciam a legitimidade necessária ao desenvolvimento de seus trabalhos e às conclusões de suas investigações.

A partir das considerações de Lyotard, os historiadores Pedro Paulo Funari e Glaydson José da Silva (2008, p. 82) identificaram dois aspectos centrais à condição pós-moderna apresentada pelo estudioso francês: a **incredulidade em relação às metanarrativas e à morte dos centros.**

A primeira, abordada de maneira explícita por Lyotard, remete ao **descrédito a qualquer teoria com aspirações de totalidade** sobre o mundo e as experiências humanas. Já a segunda, mais evidente em outras obras que se propõem a debater o pós-modernismo, refere-se à **desconfiança sobre as definições unitárias e essências**

*Ernesto Sobocinski Marczal*

**dos sujeitos** entendidos de maneira homogênea com base na distinção de elementos considerados predominantes e compartilhados. Em *A história repensada*, **Keith Jenkins** (2007) se propõe a refletir sobre os aspectos teóricos e metodológicos que compõem o saber histórico já à luz dos debates que desestabilizaram o meio acadêmico após as críticas do pensamento pós-moderno. No decorrer do trabalho, o autor também atenta para as duas características da pós-modernidade destacadas no trabalho de Lyotard.

> *Antes de mais nada, elas [as características "morte do centro" e "incredulidade ante os metarrelatos"] significam que todos aqueles velhos quadros de referência que pressupunham a posição privilegiada de diversos centros (coisas que eram, por exemplo, anglocêntricas, eurocêntricas, logocêntricas, sexistas) já não são mais considerados legítimos e naturais (legítimos porque naturais), mas temporários, ficções úteis para formular interesses que, ao invés de universais, eram muito particulares; já a "incredulidade ante as metanarrativas" quer dizer que aquelas grandes narrativas estruturadoras (metafísicas) que deram significado(s) à evolução ocidental perderam a vitalidade. Após as proclamações oitocentistas da morte de Deus (a metanarrativa teológica), ocorre também a morte dos substitutos temporais Dele. O final do século XIX e o século XX assistiram a um solapamento da razão e da ciência, fenômeno que tornou problemáticos todos aqueles discursos que se fundamentavam nelas e tinham pretensão à verdade: todo o projeto do iluminismo; os vários programas de progresso, reforma e emancipação do homem que se manifestavam, por exemplo, no humanismo, liberalismo, marxismo etc. (Jenkins, 2007, p. 94-95)*

Para Jenkins (2007), a "condição pós-moderna" em que nos encontramos está longe de ser um movimento unificado e **não pode ser associada a uma tendência político-ideológica específica**, localizada à esquerda, no centro, à direita ou em qualquer outra graduação nesse espectro. Também não pode ser identificada apenas como uma reação à melancolia do "Maio de 1968" francês. Em sua leitura, a falência dos velhos centros e dos velhos metarrelatos é um indício do **colapso dos valores hierárquicos e definidores** que acompanharam o desenvolvimento da sociedade ocidental nas décadas finais do século XX. Diversos autores e pensadores que tentaram fundamentar seus pensamentos, perspectivas e projetos de sociedade se viram solapados pelas constantes transformações e reviravoltas dos espaços político, sociocultural e econômico. Desse modo, o ceticismo ou, em termos mais duros, o niilismo constitui os pressupostos intelectuais predominantes e subjacentes das sociedades contemporâneas.

Com relação à disciplina histórica, esses aspectos implicam na eminente reavaliação dos lugares onde se produz e para o qual se destina a narrativa histórica. Não há uma postura natural, correta e descomprometida com base na qual se afirma e legitima uma determinada perspectiva de história, isenta e universal. Antes disso, implica em reconhecer, nas diversas práticas e escritas da história, a conformação de discursos e a articulação de linguagens que abordam e se dirigem a grupos particulares, permeados por suas próprias hierarquizações sociais e relações de poder. Dito de uma maneira mais simples e direta: **não existe uma história ampla e geral, mas histórias produzidas "por" alguém, "sobre" alguém (ou alguéns) e "para" alguém.**

A percepção da história – assim como dos saberes em geral – como **discursos** é um dos aspectos fundamentais aos postulados de pesquisa levantados pelo pensamento pós-moderno. Em grande parte, essa percepção se relacionava a um dos eixos importantes à mudança na compreensão dos processos de produção do conhecimento que permearam a filosofia desde o final do século XIX: a chamada *virada linguística* (*linguistic turn*). De maneira genérica, esse movimento incorreu em uma mudança nas formas como os estudiosos, sobretudo

*Ernesto Sobocinski Marczal*

os filósofos, encaravam o processo de inquirição do mundo, no qual a linguagem passou a ser compreendida como o **suporte preponderante** e, principalmente, como **objeto de investigação filosófica.** De certo modo, uma das implicações mais evidentes foi o reexame da relação entre a linguagem e a realidade, bem como da (im)possibilidade de os estudiosos abordarem-na diretamente, pois estariam sempre lidando com os signos, sentidos e significados imputados pela linguagem a seu respeito; é por meio da linguagem que tornamos o mundo a nossa volta cognoscível e damos forma aos nossos próprios pensamentos ou aos de outras pessoas, em suas diferentes expressões discursivas. Ao contrapor a virada linguística aos defensores do empirismo, Frank Ankersmit (2012, p. 84) afirma o seguinte:

> *A virada linguística não deve ser associada apenas com uma exigência de uma distinção entre verdades sintética e analítica, mas também de um método filosófico. O método filosófico em questão é de que muitos, se não todos, problemas filosóficos podem ser resolvidos, ou, ao contrário, dissolvidos, por uma cuidadosa análise de linguagem na qual esses problemas foram declarados. Em uma frase, a linguagem pode nos enganar e é tarefa do filósofo da linguagem mostrar aonde [sic] a linguagem nos conduziu ao erro.*

Entretanto, é importante salientar que as discussões promovidas pela virada linguística, bem como a revisão que realiza em torno da própria organização disciplinar da filosofia e de outras áreas com as quais se relaciona, são muito mais amplas e não podem ser reduzidas apenas a essas apreciações simples sobre o problema da linguagem. Exemplo disso é que diversos autores passaram a investir sobre a temática na filosofia, em sua maioria com apreciações distintas e, por vezes, até conflitantes. Um volume extenso de estudos passou a se debruçar sobre as possibilidades de reflexão embasadas nesse novo escalonamento da linguagem, com o foco direcionado às maneiras como ela **organiza nossos próprios sistemas de saber** e como estes são necessariamente **permeados por processos de significação e interpretação**, além de incorporarem intrincados **mecanismos de poder**. Entre os pensadores que inspiraram esses estudos ou se dedicaram diretamente a refletir sobre essas questões, podemos elencar como autores Friedrich Nietzsche, Ferdinand de Saussure, Ludwig Wittgenstein, Martin Heidegger, Roland Barthes, Gilles Deleuze, Jacques Derrida, Jacques Lacan, Michel Foucault, entre outros. O diálogo com esses autores passou a ser corrente em diversas áreas, tanto na incorporação de suas ideias quanto no ferrenho estabelecimento de críticas e contrapontos.

Na disciplina histórica, mesmo com a frequente interlocução com esses pensadores, talvez o maior impacto das propostas da virada linguística tenha sido proporcionado pelas obras de **Hayden White**. As articulações propostas pelo historiador norte-americano com a teoria literária, em particular quanto a suas implicações narrativas, estimularam a revisão das teorias e metodologias da história, bem como do enquadramento desta como ciência. De acordo com Ankersmit (2012, p. 64, grifo do original),

> *A revolução produzida por White na teoria histórica contemporânea tem sido frequentemente associada à chamada Virada Linguística. E corretamente, visto que a principal tese desse autor tem sido que nosso entendimento do passado é determinado não só por aquilo que nele ocorreu, mas também pela **linguagem** utilizada pelo historiador para falar dele – ou, como ele mesmo prefere colocar, que o passado é tanto "produzido" (pela linguagem do historiador) quanto é "descoberto" (nos arquivos).*

Embora já tivesse publicado outros estudos, inclusive utilizando historiadores célebres como tema – Collingwood e Toynbee, por exemplo –, o trabalho seminal de Hayden White sobre essa temática é a *Meta-história*, de 1973. Nesse estudo, White se propõe tanto a pensar a consciência histórica do século XIX quanto contribuir para uma discussão sobre os problemas vigentes ao redor da produção do conhecimento histórico. Para isso, se propõe analisar alguns dos grandes clássicos do pensamento histórico europeu daquele século, desde historiadores, como Michelet, Ranke, Tocqueville e Burckhardt, até filósofos e teóricos sociais, como Hegel, Marx, Nietzsche e Croce.

---

**Saiba mais!**

WHITE, H. **Meta-história**: a imaginação histórica do século XIX. São Paulo: Edusp, 1995.

---

Para desenvolver sua análise, White organizou uma teoria formal própria do trabalho histórico, o qual considera manifestadamente como **"uma estrutura verbal na forma de um discurso narrativo em prosa"** (1995, p. 11, grifo nosso). O autor destaca o exercício de imaginação histórica que permeia o processo de pesquisa e, principalmente, de escrita da história. Ele combina a compilação de dados, própria da atividade de investigação, com um determinado grupo de conceitos teóricos que balizam sua explicação, e organiza-os em uma estrutura narrativa que busca dar corpo a um suposto desenvolvimento de certo conjunto de eventos em tempos passados. Mais do que isso, esse procedimento incorpora um conteúdo formal particular, poético e linguístico, que compreende um entendimento previamente aceito do que compõe uma explicação propriamente histórica. Nos trabalhos mais amplos, esse entendimento assume a forma de um paradigma meta-histórico que legitima tanto sua argumentação e análise quanto sua disposição como discurso histórico.

A esse respeito, White (1995, p. 14) sintetizou suas conclusões com relação à produção historiográfica oitocentista em sete pontos. Mais do que organizar suas reflexões quanto ao estudo da consciência histórica que se propõe, o autor apresenta suas impressões sobre a disciplina histórica em si, sua construção epistemológica e discursiva e sua problemática relação com a elaboração de um passado que se afirma real.

1. Não pode haver "história propriamente dita" que não seja, ao mesmo tempo, "filosofia da história".
2. Os modos possíveis de historiografia são os mesmos que os de filosofia especulativa da história.
3. Esses modos, por sua vez, são, na realidade, **formalizações** de intuições poéticas que analiticamente os precedem e sancionam as teorias particulares usadas para dar aos relatos históricos a aparência de uma "explicação".
4. Não há, apoditicamente, premissas teóricas infalíveis em que se possa, de forma legítima, assentar uma justificativa para dizer que um dos modos é superior aos outros por ser mais "realista".
5. Em consequência disso, estamos irremediavelmente presos a uma **escolha** de estratégias interpretativas opostas em qualquer esforço de refletir sobre a história em geral.
6. Como resultado disso, os melhores fundamentos para escolher uma perspectiva da história em lugar de outra são mais estéticos ou morais do que epistemológicos.
7. A exigência de cientifização da história representa apenas a declaração de uma preferência por uma modalidade específica de conceptualização histórica, cujas bases são ou morais ou estéticas, mas cuja justificação epistemológica ainda está por **ser estabelecida.**

Fonte: Elaborado com base em White, 1995.

Ao se aproximar da teoria literária e focar nas dimensões narrativas da disciplina, White também traz à tona uma discussão sobre o **estilo** que permearia o trabalho dos historiadores e filósofos da história, já que se debruça particularmente sobre a produção do século XIX. Para o historiador estadunidense, "um estilo historiográfico representa uma **combinação** particular de modos de elaboração de enredo, argumentação e implicação ideológica" (White, 1995, p. 43, grifo do original). Ao salientar a questão do estilo, o autor acaba por alocá-lo como um elemento essencial na aproximação dos estudiosos com uma ou outra visão de história. Desse modo, em vez de representarem um problema eminentemente epistemológico, no nível de sua capacidade de representar o passado com base em um método depurado cientificamente, a história e, mais especificamente, a análise em torno da produção do conhecimento histórico configurariam um **problema de linguagem.**

Talvez esse seja um dos pontos de sua proposta em que o impacto das proposições mais amplas da chamada *virada linguística* é mais evidente. Ao traçar uma nova perspectiva teórica enfatizando a linguagem, um fator já conhecido, mas até então secundarizado, o autor problematizou o campo e movimentou os debates sobre a natureza disciplinar da história e o ofício do historiador, especialmente quanto à sua efetiva capacidade em tratar do real. Outro texto do autor, "Teoria literária e escrita da história", manifesta bem sua concepção disciplinar e da abordagem sobre seus problemas epistemológicos: "A história é antes de mais nada um **artefato verbal**, fruto de um tipo especial de uso da linguagem. E isso sugere que, se o discurso histórico deve ser compreendido como produtor de um tipo distinto de conhecimento, ele deve antes ser analisado como uma **estrutura de linguagem.**" (White, 1994, p. 26, grifo nosso).

As propostas de White repercutiram de diversas formas. Ao mesmo tempo que suas ponderações críticas sobre a produção do conhecimento histórico encontraram eco em estudos de diversos historiadores, como Dominick La Capra, Frank Ankersmit e Keith Jenkins, também incitaram uma série de discussões e a mobilização de diversos opositores. Autores bastante influentes na produção histórica contemporânea, como Carlo Ginzburg, Joseph Fontana, Roger Chartier, E. P. Thompson, Eric Hobsbawm, Perry Anderson, Peter Gay, Arnaldo Momigliano, Jörn Rüsen, Robert Dalton e Peter Burke, não tardaram em elaborar suas respostas às provocações de White a respeito do ofício do historiador, sua efetiva capacidade em lidar com um passado presumivelmente real e o rígido aparato metodológico que sustenta sua construção escrita.

Ao tratar do impacto da "virada linguística" sobre a disciplina histórica, Diogo Roiz (2009, p. 594-598) identificou alguns dos principais argumentos empregados nas respostas direcionadas às conjecturas de White. Por meio dos apontamentos do autor, podemos reunir nos seguintes aspectos as discordâncias e restrições dos historiadores à abordagem linguística apresentada pelo estadunidense (Roiz, 2009):

1. O destaque concedido à linguagem, à forma e à eficácia da argumentação retórica, em detrimento dos testemunhos, dos agentes, dos rastros, dos indícios e das provas que balizam a produção histórica.

2. A percepção do texto histórico como objeto de atenção profissional, sem observar as circunstâncias e os problemas que possibilitaram sua confecção.

3. A priorização do discurso, das interpretações e das afirmações de verdade, quando o foco principal deveria estar na pesquisa, no exame das fontes e na precisão narrativa.

4. A acusação de uma espécie de "neopositivismo", no qual a apreciação da comprovação factual é substituída pela ideia de verdade contida no texto, visualizado a partir de uma organização hierárquica de diferentes tramas de enredo.

5. A ênfase excessiva no texto leva em conta apenas o resultado final da produção historiográfica, sem considerar o processo característico que permeia a escrita histórica, sobretudo sua estreita ligação com os procedimentos de pesquisa e interpretação de seu suporte fundamental: as fontes. Desse modo, a proposta de White não contemplaria de maneira adequada os procedimentos específicos da escrita histórica e os pontos de aproximação e distanciamento com o processo de escrita literária.

6. A indicação de uma determinada "visão de mundo" criada pelo historiador em seu texto, sem considerar que essa visão foi elaborada com base em uma realidade extratextual que o precede.

A profusão de críticas ao trabalho de White, originárias de variados lugares e diferentes concepções, muitas delas acusando um **relativismo excessivo** em sua compreensão histórica, destacou a necessidade dos historiadores em **repensar o seu ofício**. Mesmo que o trabalho de White fosse, dependendo da perspectiva, passível de contestações, emendas e correções, sua proposta de abordagem convidou os historiadores a reexaminar a prática histórica à luz não só da virada linguística, mas também da crise de paradigmas explicadores e epistemológicos vigentes no período, e de uma maior articulação entre a prática histórica e sua necessária reflexão teórica. Peter Burke, por exemplo, a respeito do trabalho do historiador estadunidense, relatou que, após um período de deslumbramento, sua reação foi de "uma combinação de crítica e admiração" (Burke, citado por Roiz 2009, p. 595).

O debate em torno do discurso histórico, seus estatutos de verdade e cientificidade levantou a dúvida quanto à sua percepção literária, colocando em pauta sua definição como forma ficcional ou um gênero específico, calcado em regras particulares, inclusive no tratamento das evidências. Do mesmo modo, trouxe à tona, novamente, o embate entre sua compreensão como um saber conduzido cientificamente ou cuja elaboração se aproximava mais da arte. Em ambos os casos, tal debate acompanhou a proliferação de defensores e detratores que, de uma maneira ou de outra, movimentaram as discussões ao redor da disciplina histórica. A percepção trazida por White agradou particularmente aqueles identificados com uma postura declaradamente pós-moderna, cética com relação aos parâmetros de verdade e centralidade identificados com o ideal moderno racionalista, de tradição iluminista. De maneira análoga, muitos dos opositores de sua proposta, ainda partidários de uma percepção de histórica capaz de retratar, ao menos parcialmente, as realidades passadas e submetê-las a uma análise racional, também organizaram as defesas que, se não retomavam o paradigma moderno em sua plenitude, partilhavam de alguns de seus critérios de elaboração do conhecimento e acusavam a proposta pós-moderna de um perigoso relativismo, o qual esvaziaria o saber histórico.

Dessa forma, verificamos, nas últimas décadas, um intenso espaço de trocas e debates entre historiadores afinados com vertentes de investigação distintas, alguns mais próximos do que outros às críticas disparadas pelas reflexões pós-modernas ou mesmo avessos a essas. Apesar de bastante presentes, as ideias pós-modernas,

*Ernesto Sobocinski Marczal*

permeadas tanto pela rediscussão de antigos paradigmas quanto por aportes diversos ao processo de construção do conhecimento, estão longe de se consolidar como um novo parâmetro, estável e definido, de produção historiográfica. Antes disso, seu mérito mais evidente foi mobilizar uma ampla **revisão disciplinar,** independentemente das preferências e posturas dos contendores, que perceberam a exigência imperativa de repensar constantemente o fazer histórico. Do mesmo modo, apesar das críticas e emendas propaladas de múltiplos lados ao enfoque pós-moderno, também veio à tona o debate a respeito do **componente linguístico e discursivo da produção histórica.** Se a querela em torno da efetiva capacidade dos historiadores de reconstituir uma realidade passada não era novidade, observamos que esse problema ainda não havia sido enfrentado, ou considerado, de maneira tão séria até então. Ainda que não possamos delinear uma resposta definitiva, é certo que tais problemas teóricos e metodológicos acompanham toda uma **nova geração de historiadores** desde a sua formação, incentivando-os a **considerar tais questões desde o princípio** da atividade acadêmica.

No já citado *A história repensada,* Keith Jenkins (2007) organiza uma obra preocupada em introduzir a disciplina histórica a partir de embates e ponderações recentes sobre a sua constituição conceitual, teórica e disciplinar. Após apresentar alguns dos conceitos que permeiam a atual compreensão do saber historiográfico, inclusive com ênfase em sua conformação plural e discursiva, Jenkins nos apresenta sua definição de história, entendida pelo próprio como

**cética e irônica.** Como um dos autores que encamparam uma visão declaradamente pós-moderna, tomamos sua concepção de história como um último exemplo relacionado a essa perspectiva:

*A história é um discurso cambiante e problemático, tendo como pretexto um aspecto do mundo, o passado, que é produzido por um grupo de trabalhadores cuja cabeça está no presente (e que, em nossa cultura, são na imensa maioria historiadores assalariados), que tocam seu ofício de maneiras reconhecíveis de uns para outros* (maneiras que estão posicionadas em termos epistemológicos, metodológicos, ideológicos e práticos) *e cujos produtos, uma vez colocados em circulação, veem-se sujeitos a uma série de usos e abusos que são teoricamente infinitos, mas que na realidade correspondem a uma gama de bases de poder que existem naquele determinado momento e que estruturam e distribuem ao longo de um espectro dominantes x marginais os significados das histórias produzidas.* (Jenkins, 2007, p. 52)

As considerações do historiador britânico condensam a percepção fluída da historiografia baseada na influência do pensamento pós-moderno. Mais do que uma forma discursiva especifica, o autor destaca a constituição dinâmica e cambiante, permeada, ao mesmo tempo, por uma relação complexa com a temporalidade, entre o passado que se estuda e o presente de onde se produz, e por diferentes jogos de poder, que influenciam diretamente os sentidos das histórias propostas. Estes são aspectos importantes e que devem ser levados em consideração ao analisarmos os processo de construção do saber histórico.

(3.3)
# ALÉM DOS PARADIGMAS: ALGUMAS PERSPECTIVAS DE INVESTIGAÇÃO HISTÓRICA

A vasta reavaliação da disciplina histórica possibilitou um **alargamento dos campos de interesse dos historiadores**. Como vimos até agora, ao serem confrontadas por problemas com os quais não sabiam lidar, ou cujos modelos já sedimentados de explicação se mostravam insuficientes, as humanidades se abriram para novas apreciações epistemológicas. Exemplo disso é o intenso intercâmbio disciplinar que permeia as várias áreas de estudo preocupadas com o fenômeno humano e social. Isso significa, em nosso caso específico, que os historiadores não se preocupam apenas com o que seus pares produzem, mas também estão atentos aos trabalhos de filósofos, sociólogos, antropólogos, críticos literários, psicólogos, psicanalistas, entre outros. Além do cuidado com os instrumentos teóricos e metodológicos empregados, há um olhar sobre os objetos, os problemas de pesquisa e as abordagens propostas. O diálogo com outros saberes, a eclosão de diversos movimentos sociais e o próprio questionamento dos paradigmas estabelecidos no interior da disciplina levaram os historiadores a atentar para temas antigos sob novos prismas, ou mesmo para questões até então ignoradas ou invisíveis.

Para além das reflexões que reproduzimos quanto aos aspectos teóricos e metodológicos da historiografia, a erosão dos terrenos sólidos de estudo e sua conflituosa reestruturação sobre bases mais móveis e flexíveis levaram à **renovação e à expansão das áreas de estudo dos historiadores**. Abriu-se espaço para as investigações centradas na cultura, na memória, nas sociabilidades dos sujeitos e em suas múltiplas relações de poder. De uma maneira simples, os pesquisadores se defrontaram com uma profusão de múltiplas possibilidades de investigação histórica.

Boa parte dos estudos vigentes anteriormente observavam a história a partir de concepções específicas de sujeito e sociedade herdeiras do Iluminismo. Contudo, ao longo do século XX, o sujeito centrado, coeso e relativamente ciente de suas ações foi desnudado de sua pressuposta unidade, o que colocou em xeque a continuidade dos mecanismos de pesquisa e produção historiográfica já estabelecidos. A inteligibilidade do homem racional, seguro de si, civilizado – ocidental, branco e heterossexual –, consciente de seu papel social e de suas ações já não bastava mais para explicar as diferentes formas de organização social, os fenômenos históricos ou mesmo a experiência da vida cotidiana. Assim, se os objetos e os enfoques sofreram novas apreciações, também foram reexaminados os sujeitos-alvo do estudo histórico. Além de **dilatar o conjunto dos indivíduos** sobre os quais se passou a fazer história – notadamente mulheres, homossexuais, negros, imigrantes, nativos, colonizados, loucos, miseráveis, jovens, idosos, doentes, excluídos em geral e outros –, também se passou a **repensar os sujeitos** ordinariamente retratados nas investigações. O componente de classe – aristocrata, burguês ou proletário –, por exemplo, passou a ser mais uma categoria entre muitas outras – étnica, cultural, sexual, afetiva, política etc. – a compor os personagens investigados. As propostas de uma "história vista de baixo" e da microanálise, retratadas brevemente no capítulo anterior, remetem a duas iniciativas que abarcaram, de certa forma, essas alterações e buscaram enxergar sob novos prismas os exercícios de pesquisa e escrita da história.

Muitas das novas possibilidades de investigação dialogavam com o desenvolvimento da chamada *história cultural* ao final do século XX. A consolidação desse ramo disciplinar não só abriu espaço para objetos e questionamentos até então renegados, vistos como irrelevantes ou marginais – ainda que muitas vezes latentes entre os historiadores – mas também lançou uma nova luz sobre enfoques de pesquisa já bastante difundidos, como a história social, econômica e política. De uma maneira simples, podemos afirmar que tais vertentes adquiriram um novo viés de apreciação, pelo qual os sujeitos poderiam ser examinados por meio de sua configuração simbólica, de suas práticas e rituais específicos, da elaboração e da articulação de significados culturais.

Mais eclética que outras formas precedentes, **a história cultural ampliou o intercâmbio disciplinar e a abrangência de olhares possíveis a serem direcionados sobre o indivíduo e a coletividade.** Sociologia, filosofia e antropologia passaram a constituir algumas das áreas do conhecimento nas quais a busca por aportes seguros para reflexões historiográficas se tornou mais recorrente. Autores como Mikhail Bakhtin, Norbert Elias, Pierre Bourdieu, Michel Foucault e Clifford Geertz, entre tantos outros, passaram a ser leitura recorrente entre os historiadores interessados no estudo da cultura. Do mesmo modo, os historiadores passaram a se **aproximar de outras correntes teóricas** pouco exploradas no interior da disciplina, como as teorias feministas – as quais contribuiriam majoritariamente para a fundação do gênero como uma categoria epistemológica própria – e os estudos da psicologia e da psicanálise, com os historiadores revisitando as obras de Sigmund Freud e Jacques Lacan, por exemplo.

Peter Burke, ao debater as particularidades da nova corrente historiográfica a partir da tradição francesa, particularmente da herança dos Annales, assinalou algumas de suas características generalizantes, mas distintivas em relação a outros modelos de investigação que se ocuparam previamente de estudos correlatos a cultura:

> *A palavra "nova" serve para distinguir a* NHC[1] *– como a* nouvelle histoire *francesa da década de 1970, com a qual tem muito em comum – das formas mais antigas já discutidas anteriormente. A palavra "cultural" distingue-a da história intelectual, sugerindo uma ênfase em mentalidades,*

*suposições e sentimentos e não em ideias ou sistemas de pensamento. A diferença entre as duas abordagens pode ser verificada em termos do famoso contraste de Jane Austen entre "razão e sensibilidade". A irmã mais velha, a história intelectual, é mais séria e precisa, enquanto a caçula é mais vaga, contudo também mais imaginativa.* (Burke, 2008, p. 69)

> **❶ Atenção!**
>
> Abreviação de *nova história cultural*, termo utilizado por Burke para se referir à corrente de estudos inaugurada no final da década de 1980 com a publicação da obra homônima organizada pela historiadora norte-americana Lynn Hunt a respeito da produção historiográfica francesa.

Burke destaca uma grande abrangência dessa modalidade de pesquisa, embora ela contraste, simultaneamente, a fragilidade de sua imprecisão e sua potencialidade imaginativa. Ao mesmo tempo que se torna **difícil delimitar quais seriam os objetos de estudo** específicos da história cultural, a amplitude de sua abordagem possibilita a **reflexão sobre fenômenos até então segregados na pesquisa histórica.**

Também está presente a **vinculação dessa perspectiva com a tradição francesa**, especialmente como um desdobramento, já mais madurado, das reflexões das primeiras gerações dos Annales – em particular da noção de *mentalidades* pleiteada por Lucien Febvre. Em uma coletânea preocupada em delinear alguns dos objetivos e fundamentos centrais dessa linha de pesquisa, **Lynn Hunt** também atesta a vinculação da chamada *nova história cultural* com uma quarta geração dos Annales, particularmente na figura de pesquisadores, como Roger Chartier e Jacques Revel, e também de um determinado marxismo,

*Ernesto Sobocinski Marczal*

sobretudo a partir das obras seminais de E. P. Thompson – cujas reflexões historiográficas foram abordadas no Capítulo 2. Nas palavras da autora:

> *Nos últimos anos, contudo, os próprios modelos de explicação que contribuíram de forma mais significativa para a ascensão da história social passaram por uma importante mudança de ênfase, a partir do interesse cada vez maior, tanto dos marxistas quanto dos adeptos do Annales, pela história da cultura. Na história de inspiração marxista, o desvio para a cultura já estava presente na obra de Thompson sobre a classe operária inglesa. Thompson rejeitou explicitamente a metáfora base x superestrutura e dedicou-se ao estudo daquilo que chamava "mediações culturais e morais" – "a maneira como se lida com essas experiências materiais... de modo cultural".* (Hunt, 1992, p. 5-6)

Em outro momento, a historiadora deixou mais evidente o desenvolvimento da análise cultural em relação à trajetória da historiografia francesa, particularmente no rastro da formação de uma quarta geração dos Annales. Embora partidária das propostas fundadoras dos historiadores precedentes, uma parcela significativa dos estudiosos já contestava a continuidade do movimento após as mudanças no processo de produção do conhecimento que assaltaram a disciplina a partir dos anos 1960 e 1970. Enquanto alguns pesquisadores salientam a continuidade de um projeto central, com a retomada de pensamentos caros aos fundadores dos Annales, outros, como Cardoso e Vainfas (1997) e Dosse (2003b), preferem salientar a fragmentação e a pulverização de abordagens, objetos e perspectivas de estudo, uma crítica recorrente à nova história cultural. De acordo com Hunt (1992, p. 8),

*O desafio aos velhos modelos foi especialmente rigoroso na escola dos Annales. Embora a história econômica, social e demográfica tenha permanecido dominante na própria Annales (respondendo por mais da metade dos artigos entre 1965 e 1985), a história intelectual e cultural passou a ocupar um sólido segundo lugar (com algo em torno de 35 por cento dos artigos, contra 11 a 14 por cento para história política). À medida que a quarta geração dos historiadores dos Annales passou a preocupar-se cada vez mais com aquilo que, muito enigmaticamente, os franceses chamam mentalités, a história econômica e social sofreu um recuo em termos de sua importância. Esses interesses aprofundados pelas mentalités (mesmo entre os membros das gerações mais velhas dos Annales) levou também a novos desafios ao paradigma dos Annales.*

De certa maneira, o **filtro cultural** foi um dos principais articuladores da produção historiográfica nas últimas décadas. Como foi possível notar, a atenção à cultura se disseminou entre diversas vertentes de análise, além de ter contribuído para fundar ou remodelar outras. Os exemplos marxistas e dos Annales talvez sejam os mais sintomáticos nesse sentido. A influência dos debates em torno da pós-modernidade também é bem significativa, de maneira que o intercâmbio disciplinar e o diálogo com outras apreciações historiográficas se tornaram uma constante entre os historiadores. Mesmo quando resguardam uma maior afinidade com uma ou outra abordagem, os **historiadores não podem se eximir de atentar para as contribuições provenientes de outras áreas e abordagens** e, muitas vezes, apropriar-se delas para desenvolver seus estudos.

Concomitante a esse processo, devemos atentar para o **alargamento dos objetos de estudo**. Se a abertura da pesquisa histórica se fez em um sentido de expansão quase ilimitado de seu espectro de análise – segundo o qual, potencialmente, tudo tem uma história ou, ao menos, pode ser apreciado sob uma perspectiva histórica –, verificamos a eclosão de uma **multiplicidade de trabalhos** e a conformação de uma série de **nichos temáticos**, muitos deles ligados a práticas e fenômenos culturais em suas dimensões sociais, econômicas e políticas. A título de exemplo, podemos elencar a história da leitura, da alimentação, das religiões, das festas, dos esportes, das artes, das emoções etc.

Mais do que investigar especificamente esses elementos, como de determinada prática religiosa, dos costumes à mesa, de uma manifestação artística singular ou de uma modalidade esportiva, trata-se, também, de **utilizá-los como filtros na análise de determinadas sociedades, grupos e períodos históricos.** Em um exemplo local, podemos observar como, durante a ditadura militar, as múltiplas produções artísticas, ou mesmo de um artista, movimento ou expressão em particular, se constituíram politicamente, seja como forma de adesão ou propaganda, seja de oposição, crítica, contestação e até mesmo afastamento e descaso.

Nesse sentido, também cabe destacar o resgate e a reorganização histórica da política, sob prismas bem distintos daqueles que permearam sua análise factual e positivista e que dominou a disciplina histórica na passagem do século XIX para o século XX. Sem dúvida, os tensos desdobramentos do último século foram fundamentais tanto para repensar o político a partir de novos fundamentos epistemológicos quanto para salientar sua necessidade e importância temática para compreender as sociedades humanas. Ou seja, se a análise política tradicional foi parcialmente rejeitada durante boa parte do século XX, sua apreciação sob uma nova roupagem retomou o interesse dos historiadores. Ao invés da compreensão tradicional, que confundia a própria história com o desenvolvimento factual dos grandes personagens e eventos políticos, desenvolveu-se a percepção do aspecto político como um **elemento integrado à sociedade**, tanto fundamental à organização da vida pública comunitária quanto presente nas diversas relações de poder entre os sujeitos.

Como destaca o historiador francês **René Rémond**, o retorno à história política e sua subsequente renovação partem de sua configuração enquanto **produto historicamente constituído**, cujas transformações (significações e ressignificações) resultam das mudanças provenientes da longa trajetória realizada, sobretudo da observação de sua experiência recente.

*As fronteiras que delimitam o campo político não são eternas: seu traçado conheceu muitas variações ao longo da história. Em nosso século, a evolução se fez no sentido de extensão. [...] À medida que poderes públicos eram levados a legislar, regulamentar, subvencionar, controlar a produção, a construção de moradias, a assistência social, a saúde pública, a difusão da cultura, esses setores passaram, um após os outros, para os domínios da história política. Com isso desabou a principal objeção a esse tipo de história: como sustentar ainda que o político não se refere às verdadeiras realidades quando ele tem por objeto geri-las? A prova disso está na atração cada vez maior que a política e as relações com o poder exercem sobre agrupamentos cuja finalidade primeira não era, contudo, política: associações de todos os tipos, organizações socioprofissionais, sindicatos e igrejas, que não podem ignorar a política.* (Rémond, 1996, p. 23-24)

A partir dessa leitura, que chega, por alguns momentos, a passar a falsa impressão de que "tudo é política" (Rémond, 1999, p. 25), abrem-se diferentes possibilidades de interpretação e compreensão do aspecto político, relacionando-o aos múltiplos aspectos da vida e organização humanas.

A exemplo da análise cultural, a **história política abriu-se para diferentes possibilidades de interpretação, análise e compreensão,** relacionando o fenômeno político aos múltiplos aspectos da vida humana. Nesses termos, a história política se desdobra sob um viés plural, articulada aos mais diversos campos, como o econômico, o social, o cultural, o religioso e o artístico. Do mesmo modo, a análise política pode se desenvolver tanto no sentido de atentar para suas dimensões sociais e culturais quanto, partindo do inverso, atentar para as dimensões políticas dos mais diversos agrupamentos sociais e comunitários, das práticas e expressões culturais.

Em ambos os exemplos da análise cultural e política ou mesmo de seu entrelaçamento, o desenvolvimento das pesquisas históricas só foi possível pela **renovação da disciplina**. Além de provocar transformações de ordem teórica e epistemológica, foi a **ampliação dos procedimentos metodológicos de investigação** que possibilitou esse processo de abertura. A conformação de novas áreas de pesquisa e de outros olhares só foi viável pela ampliação da gama de fontes, estendida aos mais variados registros, sejam eles imagéticos, textuais ou materiais. Do mesmo modo, essa ampliação foi acompanhada da necessária **revisão dos mecanismos de confrontação e análise dos documentos**. Por isso, ao mesmo tempo que se desenrolaram os debates em torno da ampliação do escopo de análise do saber histórico, ocorreu a avaliação e a discussão ao redor dos mais variados vestígios que balizavam esse processo, como as imagens, os vestígios arqueológicos, os textos literários, os depoimentos orais, as biografias e os veículos de mídia. Assim como a apreciação permanente do saber histórico é fundamental para a revitalização da disciplina, inclusive para sua atualização e manutenção de sua pertinência em relação aos problemas presentes, **a discussão ao redor das fontes e da metodologia de investigação é igualmente indispensável** – e deve ser constante.

O alargamento das áreas de atuação da história perpassa pela discussão dos paradigmas de explicação e da produção do conhecimento que debatemos ao longo do capítulo. Porém, a aplicação prática, isto é, o processo de pesquisa e escrita da história depende da ação dos historiadores em **refletir** sobre seu trabalho, suas articulações teóricas e embasamentos metodológicos. Independentemente de qual vertente de análise e campo de estudo os historiadores decidam se aventurar, é necessário que estejam cientes da necessidade de discutir o seu ofício, suas práticas e concepções específicas.

## Síntese

Ao longo deste capítulo, apresentamos alguns dos embates recentes quanto ao impacto das ideias pós-modernas, a crítica aos modelos de explicação generalizante e as concepções de produção do saber. Nesse sentido, percebemos como manifestações sociais insurgentes – o feminismo e o movimento negro, por exemplo – trouxeram à tona sujeitos até então marginalizados e esquecidos na produção histórica. Também observamos como episódios de profunda contestação política e cultural, sobretudo o "Maio de 1968" francês, contribuíram para o questionamento dos padrões de cultura e de conhecimento adotados no meio acadêmico, com grande influência sobre as gerações seguintes de estudantes e pesquisadores.

Nessas variadas situações, verificamos como houve uma ampla contestação das teorias macroexplicadoras, muitas vezes simplesmente aplicadas nas sociedades sem uma maior reflexão crítica sobre suas múltiplas facetas, com evidente restrição das possibilidades de compreensão dos fenômenos humanos e de sua história. Verificamos, também, a emergência de linhas de pensamento que valorizavam o exame da linguagem e afirmavam a necessidade de perceber os

*Ernesto Sobocinski Marczal*

saberes como formas de discurso, que apresentavam possibilidades de compreensão do real, mas não forneciam uma explicação única e definitiva. O confronto entre as diferentes abordagens impactou as ciências sociais e humanas como um todo, inclusive a história, na qual incitou reflexões de diferentes autores sobre a construção do saber histórico, sua compreensão como discurso, sua forma narrativa e sua articulação com o real. A partir disso, observamos como essas discussões afetaram os historiadores, incentivaram a revisão e a defesa de variados pressupostos teóricos e metodológicos, além de estimular o desenvolvimento de propostas de estudo mais abertas, com novos problemas, objetos de pesquisa e abordagens, como a história cultural, e a renovação de áreas de estudo tradicionais, como a história política.

## Atividades de autoavaliação

1. Sobre a eclosão dos movimentos sociais e culturais dos anos 1960 e 1970, assinale as alternativas corretas:

    a) A eclosão de diversos movimentos sociais e a crescente expressão de sujeitos até então marginalizados contribuiu para que os projetos liberal e marxista ganhassem força como únicas opções de transformação social.

    b) Ainda que muitas das manifestações desse período tenham experimentado ampla resistência de setores mais conservadores e até mesmo falhado na concretização de suas reivindicações políticas mais imediatas, elas tiveram um impacto a longo prazo sobre as ciências sociais e humanas ao colocar em xeque muitos de seus modelos explicadores e estimular o debate em torno de novas possibilidades de abordagem e produção do conhecimento.

c) As principais potências no contexto da Guerra Fria, Estados Unidos e União Soviética, apresentavam quadros de ampla coesão política e social e não sentiram a repercussão dos movimentos em prol da cidadania ou em defesa de direitos civis, a exemplo daqueles organizados por mulheres, negros e homossexuais.

d) Além de ações em prol do reconhecimento de direitos e da cidadania de grupos específicos, como dos negros e das mulheres, nesse período também eclodiram manifestações que questionavam os padrões culturais dominantes, opunham-se aos conflitos armados em diversas partes do mundo, como no caso do Vietnã, e denunciavam a situação precária de ex-colônias na África e outros países do Terceiro Mundo.

2. Leias as afirmativas a seguir:

i) A rebelião estudantil de maio de 1968, na França, tornou-se símbolo da contestação da juventude estudantil e de sua consolidação como grupo socialmente significativo e engajado politicamente.

ii) De acordo com Hobsbawm, a crescente massa de jovens universitários constituía um novo fator na cultura e na política. Eles eram transnacionais, movimentavam-se e transmitiam ideias com velocidade e rapidez através das fronteiras, além de parecerem à vontade com as novas tecnologias de comunicação.

*Ernesto Sobocinski Marczal*

iii) De acordo com Aguirre Rojas, os desdobramentos da Revolução de 1968 foram sentidos principalmente com as mutações de algumas das instituições fundamentais na geração de cultura ou da reprodução de padrões culturais na sociedade contemporânea: a escola, os meios de comunicação e a família.

Estão corretos os itens:

a) i.

b) ii.

c) i e iii.

d) i, ii e iii.

3. De acordo com Cardoso e Vainfas (1997), o pensamento pós-moderno se contrapõe ao paradigma moderno ou iluminista de produção do conhecimento. Ao longo do capítulo, pudemos verificar alguns dos elementos que compõem cada perspectiva. Com base nos estudos realizados, classifique os fatores a seguir como iluministas (I) ou pós-modernos (PM):

( ) Compreende os homens como sujeitos centrados, cientes de si e de suas ações.

( ) Crítica aos modelos macroexplicadores e teorizantes de construção de análises definitivas e universais.

( ) Valorização da razão e do progresso como caminhos para a obtenção de um conhecimento verdadeiro sobre o homem e o desenvolvimento das sociedades humanas.

( ) Percepção da história como ciência ou saber construído cientificamente, que se direciona sobre um passado real com o intuito de reconstruí-lo.

( ) Concepção plural e multifacetada dos sujeitos, com o reconhecimento das dimensões subjetivas dos indivíduos e até de aspectos considerados irracionais.

( ) Entendimento da história, assim como dos demais saberes e da própria ciência, como discursos erigidos sobre lógicas e funcionamentos específicos que não constituíam um caminho único e neutro de produção de conhecimento.

4. Leia com atenção as afirmativas a seguir e identifique a proposição **incorreta**:

a) As propostas apresentadas por White e compartilhadas por outros autores ressaltam o papel da linguagem na escrita da história, mas jamais questionaram seu estatuto como ciência neutra e objetiva, sobretudo no trabalho metódico do historiador.

b) Os estudos de White foram influenciados pela chamada *virada linguística*, na qual o exame da linguagem ganhou peso fundamental tanto na produção de conhecimento quanto na análise de saberes já constituídos, como a história.

c) Os trabalhos de Hayden White movimentaram a produção historiográfica nas últimas décadas do século XX. Para o autor, a história constitui um artefato verbal narrativo, fruto de um tipo especial de uso da linguagem.

d) Em grande medida, podemos identificar, nas propostas de White, um diálogo com proposições tidas como pós-modernas, a exemplo da negação dos metarrelatos e da crítica a preceitos filosóficos e epistemológicos consolidados como parâmetros definitivos de produção do saber.

5. Sobre os debates em relação ao saber histórico, analise as afirmativas a seguir e assinale V para as alternativas verdadeiras e F para as falsas:

( ) A erosão dos terrenos sólidos de estudo e sua conflituosa reestruturação sobre bases mais móveis e flexíveis levaram à renovação e à expansão das áreas de estudo dos historiadores. Abriu-se espaço para investigações centradas na cultura, na memória, nas sociabilidades dos sujeitos e em suas múltiplas relações de poder.

( ) Após um breve período de discussão, a historiografia assumiu uma postura exclusivamente pós-moderna, sem espaço para produções calcadas em critérios de cientificidade e verdade mais rígidos e racionais.

( ) A história cultural não só permitiu aos historiadores tratarem de objetos e problemas até então renegados, vistos como irrelevantes ou marginais, como também proporcionou novos enfoques de pesquisa para áreas já estabelecidas, como a história social, econômica e política.

( ) A renovação da história política se deu no sentido de revisão e expansão da compreensão do político, visto não apenas como lugar de ação do Estado e outros agrupamentos tradicionais, mas também como um elemento que permeia as diversas atividades humanas.

( ) Tanto as análises de ordem cultural quanto política foram influenciadas pelos debates em torno da pluralidade da disciplina histórica. Nesse processo, se aproximaram de leituras e abordagens de outras áreas, como a filosofia, a antropologia, a sociologia, a psicologia e a psicanálise.

Além disso, beneficiaram-se de compreensões mais amplas dos sujeitos históricos e de sua subjetividade, assim como de suas práticas e expressões específicas.

## Atividades de aprendizagem

### Questões para reflexão

1. A chamada *nova história cultural* se organizou como uma nova forma de investigação que dialogava com muitos dos questionamentos recentes da produção historiográfica das últimas décadas do século XX. Contudo, a proposta de uma investigação histórica e cultural não rompeu definitivamente com leituras anteriores. Sobre esse tema, analise como a histórica cultural se relaciona com a Escola dos Annales e as propostas de inspiração marxista que verificamos no capítulo anterior.

2. Neste capítulo, observamos como a historiografia enfrentou uma série de movimentos de ruptura e reavaliação crítica dos processos de produção do conhecimento calcados nos ideais de razão e verdade vigentes desde o século XIX. Com base nessa discussão, faça um pequeno texto sobre a influência do pensamento pós-moderno na elaboração de uma nova concepção de história. Ao longo do texto, devem ser abordados os seguintes aspectos:
   a) a crise dos paradigmas explicadores;
   b) a virada linguística;
   c) a organização de novas propostas de estudo, a exemplo da história cultural.

*Ernesto Sobocinski Marczal*

## Atividade aplicada: prática

Ao longo do texto, verificamos como diversos movimentos socioculturais contribuíram para o questionamento dos paradigmas explicadores modernos na segunda metade do século XX. Expressões que não só problematizaram a capacidade dos modelos de explicação estabelecidos nas ciências sociais, mas que questionavam a noção fixa e essencialista de identidade. Ciente desse processo, elabore um **plano de aula** a respeito de um dos movimentos apresentados nesse capítulo, explorando tanto o seu desenvolvimento social e político particular quanto seu impacto na formulação de um pensamento pós-moderno. O plano de aula deve conter os seguintes elementos: o tema escolhido; objetivos; introdução; metodologia; recursos didáticos; proposta de avaliação; e referências.

# Considerações finais

Em suas célebres teses sobre a história, Walter Benjamin (1987, p. 225) afirmou a necessária tarefa de "escovar a história a contrapelo". De certo modo, essa reflexão do filósofo alemão representa o objetivo central desta obra: estimular uma análise da história sob uma perspectiva crítica, inclusive em sua composição como forma específica de saber. Por isso, compartilhamos a advertência de que é necessário observar a história a contrapelo, isto é, longe de leituras fáceis e apreciações evidentes. Para além do que está visível apenas na superfície, devemos nos aprofundar na investigação daquilo que permanece pouco aparente, ou mesmo escondido em camadas mais profundas e que também compõe a história. E isso vale, não apenas, mas principalmente para os jovens e futuros historiadores.

Esse procedimento envolve a elaboração de uma compreensão crítica da própria história, de sua composição como disciplina e espaço de produção do conhecimento, de seus procedimentos metodológicos de pesquisa e articulações teóricas. Tal entendimento abarca, principalmente, a percepção de que o saber histórico não é único e estático, mas dinâmico, plural e mutável, sujeito às pressões de sua própria organização em cada contexto temporal e aos debates dos indivíduos responsáveis por sua confecção: os historiadores.

Com base nessas apreciações, buscamos organizar um estudo introdutório, que servisse como porta de entrada tanto para algumas discussões teórico-metodológicas importantes à disciplina quanto para alguns dos principais movimentos que permearam a trajetória recente do saber histórico e contribuíram de forma decisiva para sua configuração atual. Nesse sentido, o objetivo deste breve estudo foi convidar você, leitor, a conhecer e pensar um pouco mais sobre a própria história da história, as maneiras como se estruturou ao longo dos últimos dois séculos e como suas transformações, rupturas, permanências e intensos embates internos influenciaram as formas de entendimento e prática do ofício histórico nos dias de hoje.

Como pudemos ver, não há um caminho fácil para realizar essa tarefa, um jeito simples de definir o que compreendemos por história e por que nos aproximamos mais de uma corrente disciplinar do que de outra. Se hoje em dia verificamos que a definição da história como discurso é bastante aceita, isso não significa que não haja historiadores que a sustentem como forma de ciência e que apresentem argumentos sólidos para isso. Ou que os trabalhos produzidos pelos defensores de uma ou outra proposta sejam superiores, mais objetivos e verdadeiros que outros e não possam dialogar entre si.

Como afirmamos na abertura da obra, não é nossa intenção responder à célebre questão "O que é história?". Mas isso não significa que você não seja capaz de elaborar sua própria assertiva para essa pergunta. Nosso propósito é "abrir o apetite", estimular a busca de leituras e lançar discussões que estimulem o senso crítico dos historiadores sobre a própria disciplina histórica, seus instrumentos teóricos e metodológicos.

Ao longo de três capítulos, procuramos apresentar parte da trajetória da história como saber acadêmico ao longo do século XX. Nesse processo, propusemo-nos a trazer os conceitos e concepções teóricas e metodológicas exploradas por diferentes vertentes de trabalho, assim como suas variações internas, embates e críticas em relação aos modelos precedentes, ou mesmo concorrentes, de fazer história. Com esse intuito, voltamos nosso olhar primeiramente para o século XIX, período em que a história assumiu a posição de saber acadêmico organizado, fundamentado sobre formas particulares de pesquisa e escrita. Foi nesse intervalo que o historiador surgiu como uma figura profissional, dotada de uma formação específica que o qualificava para tratar adequadamente do passado, de seus vestígios, e escrever a história. Tal qual verificamos, esse processo se relacionou intimamente com a consolidação de um paradigma científico, de modo que o próprio historiador deveria se assumir como cientista. A prática histórica foi tomada por ideias de verdade e objetividade, por um apreço ao factual e sua sucessão temporal cronológica linear. O historiador deveria ser capaz de reconstituir o passado tal qual ocorreu. Ainda que tenham sido duramente combatidos posteriormente, muitos dos parâmetros construídos naquele momento foram de grande importância para a consolidação da história no meio acadêmico.

Depois disso, passamos a analisar a célebre Escola dos Annales, um dos movimentos mais importantes da historiografia ao longo do século XX. Embora tenha surgido e se consolidado no meio universitário francês, não tardou para que as propostas lançadas originalmente por Bloch e Febvre ganhassem notoriedade em outros espaços. Os Annales demarcaram novas possibilidades de compreensão do trabalho histórico, repensando o próprio conceito de *história*, ·a relação do historiador com o tempo e as fontes, além de ampliar seu escopo de pesquisa. Se muitas de suas propostas pareciam um tanto amplas e indefinidas, inclusive sofrendo novas interpretações a cada geração de historiadores, elas se firmaram como importantes contrapontos à abordagem tradicional e positivista. O movimento abriu possibilidades inéditas de investigação e compreensão da história

*Ernesto Sobocinski Marczal*

que foram fundamentais à configuração da disciplina da maneira como a enxergamos hoje.

A relação entre a história e o marxismo foi o tema central do segundo capítulo. O pensamento delineado por Marx e Engels foi, sem dúvida, um dos mais influentes dos últimos séculos. A leitura sociológica e o projeto político elaborado pelos estudiosos alemães logo se difundiram como uma forma contundente de análise e transformação social, espalhando-se por diversos campos do conhecimento. A partir dessa constatação, buscamos debater como o marxismo impactou sobre a historiografia e de que maneira contribuiu para o desenho de uma proposta crítica e específica de história. Nesse processo, visitamos diversos autores que se inspiraram nas reflexões de Marx para organizar suas propostas de leitura, pesquisa e produção histórica. Caso, por exemplo, daqueles ligados à nova esquerda inglesa, como Eric Hobsbawm e E. P. Thompson, ou da organização de vertentes de investigação preocupadas com as classes populares, como nos projetos da "história vista de baixo" e da micro-história.

Por fim, observamos a crise dos paradigmas racionais de verdade e cientificidade que pautavam os mecanismos de produção do entendimento do mundo desde o século XIX. Diante da eclosão de diversos movimentos sociais, culturais e políticos, modelos de explicação e de conhecimento já sedimentados se viram subitamente impotentes, sem condições de analisar adequadamente o que se passava. Questionavam-se os próprios parâmetros de construção do saber, convertendo-os em objeto de debate, crítica e estudo. Sob esse contexto, o pensamento histórico também passou por uma profunda discussão, que se desenrola até os dias de hoje, dialogando com as ideias pós-modernas e reconhecendo as dimensões discursivas e narrativas da produção historiográfica. Ainda que o embate entre os historiadores partidários de diferentes vertentes tenha ficado longe de fornecer um entendimento comum a respeito da disciplina, foi de suma importância para a revisão de conceitos e a organização de novas perspectivas e abordagens de pesquisa. Como exemplos evidentes, destacamos a história cultural e a profunda renovação da história política.

Essa breve incursão através da disciplina histórica não objetivou, portanto, a construção de respostas definitivas, mas a estimulação de uma compreensão plural, dinâmica e multifacetada da historiografia. Um entendimento que fuja do senso comum, que reconheça que a historiografia é fruto do ofício do historiador, das correntes teóricas e orientações metodológicas com as quais o profissional mais se identifica, além da maneira como se relaciona com a própria experiência histórica. Afinal, para fazer história, é necessário conhecer a história e refletir criticamente sobre ela na condição de espaço de produção do saber. Esta obra foi apenas um convite inicial para esse exercício perene de reflexão do historiador.

## Saiba mais!

O *site* da Associação Nacional de História (Anpuh) constitui um importante espaço de divulgação do trabalho histórico no país. Além de informações sobre a instituição em si, lá é possível encontrar notícias sobre eventos, congressos e lançamentos de livros e revistas. As duas publicações *on-line* produzidas pela própria Anpuh – a *Revista Brasileira de História* e a *História hoje* – também estão à disposição, bem como uma série de outras revistas eletrônicas reunidas em uma seção com vasta listagem de *links* para diversas publicações nacionais especializadas em história.

ANPUH – Associação Nacional de História. Disponível em: <http://site.anpuh.org>. Acesso em: 11 nov. 2016.

*Ernesto Sobocinski Marczal*

# Referências

ANKERSMIT, F. R. **A escrita da história**: a natureza da representação histórica. Londrina: Eduel, 2012.

BAKHTIN, M. **A cultura popular na Idade média e no Renascimento**. 3. ed. São Paulo: Hucitec; Brasília: Ed. da UnB, 1996.

BENJAMIN, W. **Magia e técnica, arte e política**: ensaios sobre literatura e história da cultura. 3. ed. São Paulo: Brasiliense, 1987. (Obras Escolhidas, v. 1).

BENTIVOGLIO, J.; LOPES, M. A. (Org.). **A constituição da história como ciência**: de Ranke a Braudel. Petrópolis: Vozes, 2013.

BERLIN, I. **Vico e Herder**. Brasília: Ed. da UnB, 1982.

BHABA, H. **O local da cultura**. 2. ed. Belo Horizonte: Ed. da UFMG, 2013.

BLOCH, M. **Apologia da história ou O ofício de historiador**. Rio de Janeiro: Zahar, 2001.

BLOCH, M. **Os reis taumaturgos**: o caráter sobrenatural do poder régio – França e Inglaterra. São Paulo: Companhia das Letras, 1999.

BOTTOMORE, T. (Org.). **Dicionário do pensamento marxista.** Rio de Janeiro: Zahar, 2012.

BOURDÉ, G.; MARTIN, H. **As escolas históricas.** Lisboa: Europa-América, 1990.

BRASIL. Ato Institucional n. 5, de 13 de dezembro de 1968. **Diário Oficial da União,** Poder Executivo, 13 dez. 1968. Disponível em: <http://www.planalto.gov.br/ccivil_03/AIT/ait-05-68.htm>. Acesso em: 10 nov. 2016.

BRAUDEL, F. **O Mediterrâneo e o mundo mediterrânico na época de Filipe II.** São Paulo: M. Fontes, 1983. 2 v.

BURCKHARDT, J. **A cultura do Renascimento na Itália:** um ensaio. Brasília: Ed. da UnB, 1991.

BURKE, P. **A Escola dos Annales (1929-1989):** a revolução francesa da historiografia. 2. ed. São Paulo: Ed. da Unesp, 2010.

BURKE, P. Abertura: a nova história, seu passado e seu futuro. In: BURKE, P. (Org.). **A escrita da história:** novas perspectivas. 2. ed. São Paulo: Ed. da Unesp, 2011. p. 7-38.

BURKE, P. **O que é história cultural?** Rio de Janeiro: J. Zahar, 2008.

BURKE, P. **Variedades de história cultural.** Rio de Janeiro: Civilização Brasileira, 2000.

CARDOSO, C. F. História e paradigmas rivais. In: CARDOSO, C. F.; VAINFAS, R. (Org.). **Domínios da história:** ensaios de teoria e metodologia. Rio de Janeiro: Campus, 1997. p. 1-23.

CARDOSO, C. F.; VAINFAS, R. (Org.). **Domínios da história:** ensaios de teoria e metodologia. Rio de Janeiro: Campus, 1997.

CERTEAU, M. de. **A escrita da história.** Rio de Janeiro: Forense Universitária, 1982.

CERTEAU, M. de. **A invenção do cotidiano**. Rio de Janeiro: Vozes, 1994.

CERTEAU, M. de. A operação histórica. In: LE GOFF, J.; NORA, P. (Org.). **História**: novos problemas. Rio de Janeiro: F. Alves, 1976. p. 17-48.

CHARTIER, R. **História cultural**: entre práticas e representações. 2. ed. Lisboa: Difel, 2002.

DOSSE, F. **A história**. Bauru: Edusc, 2003a.

DOSSE, F. **A história em migalhas**: dos Annales à nova história. Bauru: Edusc, 2003b.

DOSSE, F. **História e ciências sociais**. Bauru: Edusc, 2004.

FEATHERSTONE, M. **Cultura de consumo e pós-modernismo**. São Paulo: Studio Nobel, 1995.

FEBVRE, L. **Combates pela história**. Lisboa: Presença, 1977. 2 v.

FERNANDES, C. Jacob Burckhardt. In: BENTIVOGLIO, J.; LOPES, M. A. (Org.). **A constituição da história como ciência**: de Ranke a Braudel. Petrópolis: Vozes, 2013. p. 33-58.

FORTES, A.; NEGRO, A. L.; FONTES, P. Peculiaridades de E. P. Thompson. In: THOMPSON, E. P. **As peculiaridades dos ingleses e outros artigos**. 2. ed. Campinas: Ed. da Unicamp, 2012. p. 21-57.

FOUCAULT, M. **A arqueologia do saber**. 7. ed. Rio de Janeiro: Forense Universitária, 2008.

FREITAS, M. C. de (Org.). **Historiografia brasileira em perspectiva**. São Paulo: Contexto, 2007.

FREUD, S. **Edição standard brasileira das obras psicológicas completas de Sigmund Freud**. 2. ed. Rio de Janeiro: Imago, 1987.

FUNARI, P. P. A.; SILVA, G. J. da. **Teoria da história**. São Paulo: Brasiliense, 2008.

*Ernesto Sobocinski Marczal*

GEERTZ, C. **A interpretação das culturas**. Rio de Janeiro: LTC, 2008.

GINZBURG, C. **Mitos, emblemas, sinais**: morfologia e história. São Paulo: Companhia das Letras, 1990.

GINZBURG, C. **O queijo e os vermes**: o cotidiano e as ideias de um moleiro perseguido pela Inquisição. São Paulo: Companhia das Letras, 2006.

HALL, S. **A identidade cultural na pós-modernidade**. Rio de Janeiro: DP&A, 2005.

HARRISON, R.; JONES, A.; LAMBERT, P. Metodologia, história científica e o problema da objetividade. In: LAMBERT, P.; SCHOFIELD, P. (Org.). **História**: introdução ao ensino e à prática. Porto Alegre: Penso, 2011. p. 43-55.

HARVEY, D. **A condição pós-moderna**: uma pesquisa sobre as origens da mudança cultural. 17. ed. São Paulo: Loyola, 2008.

HEGEL, G. W. F. **A razão na história**: uma introdução geral à filosofia da história. 3. ed. São Paulo: Centauro, 2008.

HEGEL, G. W. F. **Filosofia da história**. Brasília: Ed. da UnB, 1995.

HOBSBAWM, E. **Era dos extremos**: o breve século XX – 1914-1991. São Paulo: Companhia das Letras, 1995.

HUNT, L. (Org.). **A nova história cultural**. São Paulo: M. Fontes, 1992.

JENKINS, K. **A história repensada**. São Paulo: Contexto, 2007.

KAFKA, F. **Franz Kafka**: obras escolhidas. São Paulo: L&PM, 2013.

LADURIE, E. **Montaillou**: povoado occitânico (1294-1324). São Paulo: Companhia das Letras, 1997.

LAMBERT, P.; SCHOFIELD, P. (Org.). **História**: introdução ao ensino e à prática. Porto Alegre: Penso, 2011.

LE GOFF, J. (Org.). **A história nova**. São Paulo: M. Fontes, 2001.

LE GOFF, J.; NORA, P. (Org.). **História**: novos problemas. Rio de Janeiro: F. Alves, 1976a.

LEVI, G. Sobre a micro-história. In: BURKE, P. (Org.). **A escrita da história**: novas perspectivas. 2. ed. São Paulo: Ed. da Unesp, 2011. p. 133-161.

LÖWY, M. Por um marxismo crítico. **Lutas Sociais**, São Paulo, v. 3, p. 21-30, 1997.

LYOTARD, J.-F. **O pós-moderno**. 3. ed. Rio de Janeiro: J. Olympio, 1988.

MARTINS, E.; CALDAS, P. Leopold Von Ranke. In: BENTIVOGLIO, J.; LOPES, M. A. (Org.). **A constituição da história como ciência**: de Ranke a Braudel. Petrópolis: Vozes, 2013. p. 13-32.

MARX, K. **Contribuição à crítica da economia política**. São Paulo: Expressão Popular, 2008.

MARX, K. **O 18 de Brumário de Luís Bonaparte**. São Paulo: Boitempo, 2011.

MARX, K.; ENGELS, F. **A ideologia alemã**. São Paulo: M. Fontes, 2001.

MARX, K.; ENGELS, F. **Manifesto comunista**. São Paulo: Boitempo, 2007.

MELO, A. de. **Fundamentos socioculturais da educação**. Curitiba: Ibpex, 2011.

MOMIGLIANO, A. **As raízes clássicas da historiografia moderna**. Bauru: Edusc, 2004.

MÜLLER, R. G. Revisitando E. P. Thompson e a "Miséria da Teoria". **Diálogos**, Maringá, v. 11, n. 1-2, p. 97-136, 2007.

NORA, P. O retorno do fato. In: LE GOFF, J.; NORA, P. (Org.). **História**: novos problemas. Rio de Janeiro: F. Alves, 1976. p. 179-193.

*Ernesto Sobocinski Marczal*

ORTIZ, R. A Escola de Frankfurt e a questão da cultura. **Revista Brasileira de Ciências sociais**, São Paulo, v. 1, n. 1, 1986.

REIS, J. C. **História & teoria**: historicismo, modernidade, temporalidade e verdade. 3. ed. Rio de Janeiro: Editora FGV, 2006.

REIS, J. C. **Teoria & História**: tempo histórico, história do pensamento histórico ocidental e pensamento brasileiro. Rio de Janeiro, Editora FGV, 2012.

REIS, J. C. O historicismo: a redescoberta da história. **Locus, Revista de História**, Juiz de Fora, v. 8, n. 1, p. 9-27, 2002.

RÉMOND, R. (Org.). **Por uma história política**. Rio de Janeiro: Ed. da UFRJ, 1996.

RÉMOND, R. O retorno do político. In: CHAVEAU, A. (Org.). **Questões para história do presente**. Bauru: Edusc, 1999. p. 51-60.

REVEL, J. (Org.). **Jogos de escala**: a experiência da microanálise. Rio de Janeiro: Ed. da FGV, 1998.

ROBERTS, M. A escola dos Annales e a escrita da história. In: LAMBERT, P.; SCHOFIELD, P. (Org.). **História**: introdução ao ensino e à prática. Porto Alegre: Penso, 2011. p. 101-116.

ROIZ, D. da S. A reconstituição do passado e o texto literário: a resposta dos historiadores à 'virada linguística'. **Diálogos**, Maringá, v. 13, n. 3, p. 587-624, 2009.

ROJAS, C. A. **Antimanual do mau historiador**: ou como se fazer uma boa história crítica. Londrina: Eduel, 2007.

SARLO, B. **Tempo passado**: cultura da memória e guinada subjetiva. São Paulo: Companhia das Letras; Belo Horizonte: Ed. da UFMG, 2007.

SCHIAVINATTO, I. Henri Berr: a história como vida e valor. **Revista Brasileira de História**, São Paulo, v. 13, n. 25/26, p. 105-120, 1992.

SCHOFIELD, P. História e marxismo. In: LAMBERT, P.; SCHOFIELD, P. (Org.). **História**: introdução ao ensino e à prática. Porto Alegre: Penso, 2011. p. 212-223.

SHARPE, J. A história vista de baixo. In: BURKE, P. (Org.). **A escrita da história**: novas perspectivas. 2. ed. São Paulo: Ed. da Unesp, 2011. p. 39-62.

SILVA, S. Thompson, Marx, os marxistas e os outros. In: THOMPSON, E. P. **As peculiaridades dos ingleses e outros artigos**. 2. ed. Campinas: Ed. da Unicamp, 2012. p. 58-71.

SOARES, R. R. G. de. Q. Sobre o conceito de história em Walter Benjamin. **Vértices**, Campos dos Goytacazes, v. 14, n. 1, p. 93-102, jan./abr. 2012.

THOMPSON, E. P. **A formação da classe operária inglesa**. São Paulo: Paz e Terra, 1987. 3 v.

THOMPSON, E. P. **A miséria da teoria ou um planetário de erros**: uma crítica ao pensamento de Althusser. Rio de Janeiro: Zahar, 1981.

THOMPSON, E. P. **As peculiaridades dos ingleses e outros artigos**. 2. ed. Campinas: Ed. da Unicamp, 2012.

VILAR, P. História marxista, história em construção. In: LE GOFF, J.; NORA, P. (Org.). **História**: novos problemas. Rio de Janeiro: F. Alves, 1976. p. 146-178.

WHITE, H. **Meta-história**: a imaginação histórica do século XIX. São Paulo: Edusp, 1995.

WHITE, H. Teoria literária e escrita da história. **Estudos históricos**, Rio de Janeiro, v. 7, n. 13, p. 23-48, 1994.

*Ernesto Sobocinski Marczal*

# Bibliografia comentada

FUNARI, P. P. A.; SILVA, G. J. da. **Teoria da história**. São Paulo: Brasiliense, 2008.

Trata-se de uma obra introdutória de fácil leitura e compreensão. Faz parte da coleção *Tudo é história*, que tem por objetivo apresentar uma série de questões relacionadas ao estudo da história àqueles que estão ingressando nessa área. De uma maneira sintética e didática, os autores se dispõem a apresentar diversos movimentos, ideias e correntes de pensamento que permearam a organização teórico-metodológica da história. Ao longo dos capítulos, são abordados diversos temas e escolas, como a historiografia clássica greco-romana, a historiografia metódica e positivista, a produção marxista, os Annales e até mesmo as vertentes que dialogam com o pensamento pós-moderno.

BURKE, P. **A Escola dos Annales (1929-1989)**: a revolução francesa da historiografia. 2. ed. São Paulo: Ed. da Unesp, 2010.

Como explicita o título, a célebre Escola dos Annales compõe o tema central do livro. Ao longo do trabalho, o autor se dispõe a analisar o movimento historiográfico francês a partir dos principais trabalhos e contribuições dos historiadores mais destacados que compuseram cada geração dos Annales. A obra é bastante acessível e permite que o leitor acompanhe o desenvolvimento do grupo, sua gradual institucionalização e a consolidação de sua influência na historiografia francesa. Além disso, faz um interessante apanhado das principais propostas de investigação e entendimentos teóricos metodológicos da história, assim como as transformações que essas ideias sofreram no decorrer do tempo e algumas das principais críticas tecidas sobre o movimento. É uma obra interessante para conhecer um pouco mais a Escola dos Annales, seus principais expoentes e suas produções.

BENTIVOGLIO, J.; LOPES, M. A. (Org.). **A constituição da história como ciência**: de Ranke a Braudel. Petrópolis: Vozes, 2013.

A obra se propõe a tratar de uma série de historiadores fundamentais ao desenvolvimento da disciplina histórica desde o século XIX até meados do século XX. Cada capítulo, sob responsabilidade de um especialista no tema, enfoca um personagem específico, como Ranke, Burckhardt, Febvre e Bloch, entre outros pensadores de grande contribuição e referência. O trabalho serve não apenas como uma introdução biográfica a esses pensadores, mas também às suas concepções, trajetórias acadêmicas e produções historiográficas.

HOBSBAWM, E. **Sobre história**: ensaios. 2. ed. São Paulo: Companhia das Letras, 2006.

O livro reúne textos produzidos por Eric Hobsbawm, um dos mais respeitados e conhecidos historiadores marxistas. A obra em questão traz uma série de ensaios e artigos nos quais o autor discorre sobre os significados da atividade de escrita da história e compromissos, sobretudo políticos, que permeiam a tarefa do historiador. Sob esse viés, Hobsbawm reflete sobre questões ainda bastante atuais, como o esfacelamento e a indefinição das identidades nacionais no continente europeu e os problemas ao redor do uso ideológico do discurso histórico. Além disso, traz importantes reflexões sobre a influência do pensamento de Marx, tanto em suas dimensões sociológicas quanto políticas, em estudos dos historiadores.

THOMPSON, E. P. **As peculiaridades dos ingleses e outros artigos**. 2. ed. Campinas: Ed. da Unicamp, 2012.

O título da obra remete ao principal e mais longo texto de Thompson a integrar a coletânea. Ao lado do célebre *A miséria da teoria*, *As peculiaridades dos ingleses* compõe um dos principais textos teóricos do autor em resposta às diversas críticas que sofreu pela publicação de sua obra maestra: *A formação da classe operária na Inglaterra*. Além dos textos do renomado historiador inglês, o livro também conta com outros artigos de comentadores que se propõem a pensar a obra de Thompson em relação a produção marxista de sua época. Entre eles há uma breve homenagem de Hobsbawm, escrita logo após o falecimento do historiador.

*Ernesto Sobocinski Marczal*

GINZBURG, C. **O queijo e os vermes**: o cotidiano e as ideias de um moleiro perseguido pela Inquisição. São Paulo: Companhia das Letras, 2006.

O livro de Ginzburg constitui, talvez, o maior e mais conhecido exemplo de investigação micro-histórica. Contudo, para além das reflexões teóricas e metodológicas, presentes de forma mais evidente na introdução do livro, *O queijo e o vermes* possibilita ao leitor ter acesso à cultura popular do medievo italiano por meio da figura pitoresca de Menocchio, personagem central. Na construção narrativa de Ginzburg e sua atenção pormenorizada às fontes, deparamo-nos com um trabalho completo e profundo de investigação empírica, condensado em uma forma pouco habitual e bastante sedutora de escrita da história.

JENKINS, K. **A história repensada**. São Paulo: Contexto, 2007.

Trata-se de um texto introdutório à historiografia. Com uma redação bastante clara e provocativa, Keith Jenkins discorre sobre a história já à luz do pensamento pós-moderno e dos debates que permearam a historiografia ao longo das últimas décadas do século XX. Desse modo, o autor nos apresenta uma compreensão de história bastante distinta de perspectivas mais clássicas e tradicionais, mas bastante presente nas definições contemporâneas do saber histórico. Entre os temas abordados podemos destacar a construção de uma percepção plural e dinâmica de história, o papel do historiador na escrita e produção da história, além do entendimento da história como uma forma de discurso.

WHITE, H. Teoria literária e escrita da história. **Estudos históricos**, Rio de Janeiro, v. 7, n. 13, p. 23-48, 1994.

O artigo publicado na revista *Estudos históricos* serviu como uma forma de apresentar o trabalho e os debates tracejados por White para um número maior de historiadores no Brasil. A obra foi escrita em um momento posterior à proliferação de suas ideias no meio acadêmico internacional, em um momento em que diversos pesquisadores já haviam tanto assimilado quanto reagido às suas proposições. Por isso, o texto engloba também uma defesa contra as críticas e acusações direcionadas ao caráter mais imaginativo de escrita da história identificado por White. Ainda que seja uma leitura um pouco mais densa, é uma alternativa bastante interessante para conhecer diretamente o autor, seu pensamento histórico e sua argumentação.

*Ernesto Sobocinski Marczal*

# Respostas

## Capítulo 1

### Atividades de autoavaliação
1. V, F, F, F, V.
Possibilidades de justificativa para as alternativas falsas:
* Durante o século XIX, a história se desenvolveu em diferentes países. Porém, verificamos uma série de traços comuns, como as preocupações com uma metodologia científica e uma análise política e nacional. Além disso, observamos uma circulação de leituras e influências, tanto na filosofia quanto na história, a exemplo da obras de Ranke e outros estudiosos alemães.
* Ranke se tornou um dos historiadores mais destacados do século XIX. Sem dúvida, suas propostas ainda mantêm sua pertinência até hoje e motivam diversos estudos, porém seu reconhecimento não foi tardio. Ao contrário, destacou-se como um dos responsáveis por organizar a história como disciplina acadêmica na Alemanha, pautada por parâmetros metodológicos rígidos e com critérios de objetividade científica, além de sistematizar mecanismos para o seu ensino e prática universitária.

- O positivismo inspirado na filosofia de Comte foi de grande impacto na historiografia francesa. Ao final do século XIX, sua concepção cientificista e restrita pautava em grande medida a produção histórica no país. O célebre manual de Langlois e Seignobos ficou marcado por sua compreensão disciplinar factual e positivista.

2. d
3. d
4. II, III, I.
5. V, V, F, F, V.

## Atividades de aprendizagem

### Questões para reflexão

1. Nessa atividade, esperamos que você seja capaz de organizar uma tabela comparativa com cada um dos itens elencados. Esse processo deve contribuir na identificação das diferenças entre a percepção histórica tradicional construída no século XIX e as principias propostas e críticas desenvolvidas pelos Annales no século seguinte. Do mesmo modo, a atividade busca exercitar a capacidade de síntese das compreensões gerais de cada vertente.

2. Aqui, esperamos que você aborde textualmente a percepção plural e multifacetada de tempo delineada pelos Annales.
No que concerne papel do historiador, o movimento constatou que seu trabalho e suas preocupações de pesquisa são organizados no presente e direcionados a partir daí para o passado. Dessa forma, a relação entre passado e presente permeia a produção historiográfica e deve ser considerada como um dos pontos de reflexão sobre o ofício do historiador. Em parte, essa percepção temporal foi incorporada à proposta de uma história-problema, que organiza e orienta o desenvolvimento

da pesquisa em relação a um determinado passado que se procura conhecer. Além disso, a reavaliação dessa relação com o tempo enfatiza o cuidado necessário com o anacronismo, o problema de olharmos para o passado, examiná-lo e julgá-lo com base em parâmetros, valores e conhecimentos inadequados ao objeto e ao intervalo investigados. Como observaram os Annales, essa preocupação com o olhar específico do historiador deve incorporar o próprio ofício histórico. Quanto aos trabalhos de maneira específica, podemos notar uma percepção mais ampla do tempo a partir da definição de diferentes instâncias quanto às mudanças e às permanências das estruturas históricas de cada sociedade. A noção de curta, média e longa duração, delineadas de maneira mais clara por Braudel e pelos historiadores de sua geração, nos trazem a percepção de que diferentes aspectos das sociedades humanas têm ritmos históricos diferentes e não podem ser analisados de forma simples e linear, como uma sucessão cronológica contínua e evolutiva de acontecimentos, mas de acordo com sua própria especificidade.

## Atividade aplicada: prática

A proposta da construção dessa breve biografia é estimular a busca por mais informações sobre algum dos autores que chamaram a atenção no decorrer desse tópico, bem como conhecer um pouco mais de suas obras. Além de um breve exercício de pesquisa, a atividade também visa articular a trajetória desses personagens com a sua produção e sua reflexão como historiadores.

*Ernesto Sobocinski Marczal*

## Capítulo 2

### Atividades de autoavaliação

1. c, d
2. c
3. V, F, F, V, V.
4. d
5. b

### Atividades de aprendizagem

#### Questões para reflexão

1. A proposta desse exercício é revisar o pensamento historiográfico de inspiração marxista de E. P. Thompson e contrastá-lo com outras perspectivas de análise, sobretudo as concepções teóricas de Althusser e as análises clássicas de Marx, com as quais dialoga mais de perto. A noção de experiência permeia o trabalho de Thompson e incorpora sua percepção a respeito de conceitos-chave, como *classe* e *consciência de classe*. Para o historiador inglês, esses conceitos perpassam por um processo de conformação histórica e não podem simplesmente ser imputados às sociedades. As classes surgem a partir de organizações sociais, políticas e culturais específicas dos sujeitos em um determinado contexto, ao passo que a consciência de classe só se estabelece a partir do momento em que esses sujeitos se reconhecem mutuamente enquanto tal. Nesses termos, as conceituações de Thompson implicam em uma necessária avaliação histórica e buscam retomar a dimensão histórica do pensamento de Marx. O historiador se contrapõe às perspectivas tradicionais do marxismo, principalmente às análises mais teorizantes e deterministas que buscam adequar

às sociedades passadas e os cenários históricos visitados aos modelos e conceitos previamente definidos.

2. Essa questão retoma os aspectos trabalhados no último tópico do capítulo. A ideia é sintetizar os elementos que as propostas de uma "história vista de baixo" e da micro-história têm em comum, sobretudo a preocupação com os sujeitos marginais, grupos e classes populares, muitas vezes excluídos da produção historiográfica ou abordados apenas de maneira tangencial. Além disso, ambas as vertentes fazem um profícuo diálogo com as análises culturais e com a antropologia. Ainda que as duas tenham preocupações comuns, a micro-história apresenta algumas orientações teórico-metodológicas características, abordadas por autores como Giovanni Levi e Jacques Revel. Entre os aspectos elencados por esses estudiosos, podemos salientar a redução da escala e sua alternância – que permitem o contraste entre conceituações históricas mais amplas e seu funcionamento em cenários sociais mais próximos e palpáveis –, a atenção com o particular, a preocupação com expressões e práticas culturais sem incorrer no relativismo e a análise meticulosa das fontes, em sua maioria ocupadas de sujeitos comuns ou pouco convencionais.

## Atividade aplicada: prática

Com esse exercício, fazemos a você o convite de entrar em contato com duas leituras importantes sobre cada uma das vertentes: a história vista de baixo, com o texto de Thompson, e a micro-história, através do prefácio da obra de Ginzburg. Como o fichamento é uma prática comum e necessária na vida acadêmica, sobretudo de futuros pesquisadores, trata-se de uma atividade importante para que você possa possa exercitar sua capacidade de interpretação e síntese de ideias, teorias e metodologias apresentadas em textos que podem servir de referência e suporte aos seus futuros trabalhos.

## Capítulo 3

### Atividades de autoavaliação
1. b, d
2. d
3. I, PM, I, I, PM, PM.
4. a
5. V, F, V, V, V.

### Atividades de aprendizagem

**Questões para reflexão**
1. Esse exercício visa retomar alguns dos elementos esboçados nos capítulos anteriores, de forma a articulá-los com a organização da história cultural como vertente de investigação mais recente. Tanto a crítica dos Annales à historiografia tradicional quanto o alargamento da historiografia marxista, especialmente entre os autores vinculados à nova esquerda, contribuíram para o desenvolvimento das análises preocupadas com o aspecto cultural. Foram seus questionamentos iniciais que permitiram uma primeira crítica aos objetos de estudo, às abordagens propostas e até mesmo às fontes passíveis de serem investigadas pelos historiadores. No caso dos Annales, sobretudo a partir de sua terceira geração, verificamos a diversificação de seus estudos, o resgate da preocupação com as mentalidades – originalmente apresentadas por Lucien

Febvre – e também com o imaginário. Trata-se de perspectivas que embasariam o desenvolvimento posterior da investigação cultural. Também podemos ressaltar a profícua preocupação com a interdisciplinaridade, colaborando na aproximação com a antropologia. Com relação às análises marxistas, podemos destacar a preocupação com as classes populares e subalternas, próprias da história vista de baixo, e a ênfase de uma análise mais demorada sobre a cultura na conformação e o reconhecimento de classes socioeconômicas. Até mesmo o viés da microanálise teve um diálogo interessante com a proposta de investigação cultural, ao permitir um olhar mais próximo sobre práticas e expressões culturais particulares de sujeitos comuns.

2. Nesse exercício, propomos a redação de um texto capaz de sintetizar os principais aspectos trabalhados ao longo do terceiro capítulo. Desse modo, a redação deve contemplar a contraposição da crise dos paradigmas explicadores com a emergência das ideias pós-modernas e a avaliação de como esses dois elementos se relacionaram e impactaram a disciplina histórica. Nesse processo, você deve atentar para a disseminação da percepção da história como uma forma de discurso, permeados por uma lógica específica de funcionamento. Você também pode introduzir o debate em torno da chamada *virada linguística* e a maneira como ela afetou os processos de produção do conhecimento e a disciplina histórica. Os trabalhos e as ideias de Hayden White, assim como as críticas direcionadas às suas proposições, são referências importantes a serem retomadas nesse ponto. Por fim, deve ser feita a ponte entre os elementos tratados no decorrer do texto e a organização de propostas de investigação histórica

*Ernesto Sobocinski Marczal*

mais recentes, como a história cultural e a renovação de sua variável política.

## Atividade aplicada: prática

Diante da grande articulação entre ensino e pesquisa, essa atividade visa exercitar a preparação de uma aula – ou um conjunto de aulas – sobre temas sociopolíticos importantes e que se relacionam diretamente com o desenvolvimento de questionamentos recentes aos parâmetros de estudo dentro da história e das ciências humanas. Além disso, a tarefa possibilita a abordagem de temáticas ainda pouco trabalhadas nas aulas de história, sobretudo na educação básica. Desse modo, a preparação do plano de aula visa tanto exercitar a prática docente quanto a reflexão historiográfica na abordagem dos movimentos sociais, políticos e culturais explorados brevemente no capítulo.

# Sobre o autor

**Ernesto Sobocinski Marczal** é historiador e professor, com experiência na educação básica e no ensino superior. É licenciado em História pela Universidade Tuiuti do Paraná (UTP) e especialista em Educação Especial pela Pontifícia Universidade Católica do Paraná (PUCPR). É mestre e doutor em História pela Universidade Federal do Paraná (UFPR), com estágio sanduíche na Universidad de Buenos Aires (UBA). Desde 2009, integra o Núcleo de Estudos Futebol e Sociedade, no qual dedicou-se a analisar a modalidade esportiva em perspectiva de suas variadas acepções culturais, sociais e políticas, sobretudo nos contextos das Copas do Mundo de 1970, no Brasil, e 1978, na Argentina, e das ditaduras militares vigentes nesses países na época. Nos últimos anos, também tem se dedicado ao desenvolvimento e gestão de soluções educacionais digitais.

Impressão:
Junho/2023